# 從廚房看天下

日本女性「生活者運動」三十年傳奇

賴青松 著

遠流出版公司

謹將本書獻給

台灣主婦聯盟生活消費合作社

一群可敬、可愛的媽媽們

# 目次

# 序文一——二次革命

現代化、都會化、文明化就某些角度檢視，其實就是西化、工技理性化、資本主義化，甚至是撲滅東方傳統、消滅多元文化的「全球統一化」標準模式；蔣夢麟在他的名著《西潮》一書嘲諷說，佛陀是騎牛到中國，而耶穌則是搭乘砲彈東來。

筆者無意談及全球化的議題與大問題，更非抱殘守缺的阿Q，只是任何一位瞭解生態系統演化由來的知識分子，多少也會感受到泡沫經濟、瘋狂消費背後所隱藏的全球化弔詭。如果有生態學者會在本質上贊同WTO、資本主義等現代圖騰，我不禁懷疑他是否眞正瞭解生界與演化。然而，在今日台灣，不要說什麼生態學者，到底有沒有知識分子都是個大疑問！因此，十多年來我避開了如是天大問題，因爲這個面向在台灣幾乎沒有市場，充其量只能寫寫日記自個兒暗爽！然而，青松小兄這冊《從廚房看天下》卻勾起了我長年觀察台灣與全球變遷的夢魘，對台灣的本土化也有了更深層的憂心與省思。

現今若有人說「禮失而求諸野」，恐怕會惹來封建遺毒之譏，但今天的廟堂之上，的確沒半個懂文化的政治人物，我建議滿朝文武該下廚房看天下。爲何如此言重？因爲這本書描述的，就是日本終戰後最大的一場文化戰爭。代表了一段極重要的歷史縮影——看日本本土基層如何對抗文化侵略與生活顛覆，如何成功的保住自主性與主體性與的內在選擇；同時反映了在工技文明席捲全球，造成生物歧異度及文化歧異度的雙重殞落災難中，一向處於被歧視地位的日本弱勢族群，如何以柴米油鹽和圍裙，掀起了一場自覺運動。而且，這場以鍋鏟對抗船堅利彈的戰爭，在二十一世紀必然更將慘烈非常。

就筆者這輩走過半個世紀的台灣人來說，小時候大都喝過美援的免費牛奶，禮拜天上教堂為的是領一升麵粉，街頭巷尾不時可見穿著裁自麵粉袋內褲的叔叔伯伯，屁股中心還頂著一面美國星條旗。隨後，星條旗遞變為兩隻手緊握的「中美合作」圖案，接著，台灣人開始買麵包、喝咖啡、到都市逛百貨公司。一九五〇至六〇年代，大量美援物資成功的改變了東方人的飲食習慣，稻米文化不敵小麥文化，及至一九八〇年代水稻田不得不休耕。

多年前，當筆者訝異於為何日本米食再製品充斥台灣超市、7-11之際，我推論也許日本人早就察覺西方強權、資本主義的深遠陰謀，因而殫心竭力要保住他們的米食文化；當時我還以為日本戰後仍存有許多了不起的政治家，而如今《從廚房看天下》這冊書，讓我有了更貼近事實的俯瞰。逆向教育從來都是自覺文化的途徑！

認識青松小兄伉儷多年，也有一段共事調查研究台灣社會的時光，他們一向是沉沉穩穩、細細心心做事的罕見的年輕人。當青松夫婦離開台中前往「主婦聯盟」探索的不久後，赴日實習，他們以最短暫時間精通日文，回國後從事日文翻譯，且爲了孩子的環境教育，舉家搬遷後山，開始過他們的農夫生活。

二○○一年夏季，來自宜蘭的兩包有機「青松米」，帶給我們家重新開伙的契機，爲了那兩包米，陳月霞與高采烈的下廚。青松小兄就是那種讓你在一粒粒米飯中想念的人，從來都是輕聲細語、條理分明，而默默的身體力行每一件他認爲該做的事。大海洋流眞正運行流轉的，是黑潮、親潮之類的大化，絕非喧譁激情演出的狂濤駭浪；對於青松小兄在本書流露的深層結構智慧，我不必讚美，有識之士當可了然。

我不寫導讀，不必評介，因爲書中交代的夠細節，甚至於對青松小兄的「婆婆媽媽」覺得過火。然而，台灣人的確需要如此的他山之石，台灣的許多社區，運動的本質上很神似，可惜的是像青松這類人的比例偏低。

教育逐漸普及，一些台灣人知道草種侵入荒地、灌叢取代草本、森林取代灌叢謂之「演替」，但絕大多數的台灣人卻不知道在形成森林之後，更劇烈的內部調整與重構的複雜議題才正展開。森林下方的地被層若被清除，短暫時期即可恢復，但若是上方的林冠被破壞，那麼林下苗木也會被整批汰換，此即「一人得道、雞犬升天」。然而，當第一期森林形成之後，林下苗木的競爭、補位，將決定第二期乃至往後健全、成熟、穩定的林相。

台灣的社會結構、民主程度已進入第一期森林，在地自主文化正是林下苗木，青松小兄以及本書楬櫫的二期或二次革命，將是台灣今後二十年成敗的關鍵。

陳玉峰　於大肚台地

二〇〇一年十二月

（本文作者現任靜宜大學生態學研究所所長、教授；通識教育中心主任）

# 序文二

合作社是人的組織，是社員生命需求滿足的舞台與資源的媒介。人本心理學之父馬斯洛（Maslow），終其一生探索人類需求滿足的眞理，建構出人本心理學之論述。人的一生從生理、安全、愛與被愛、歸屬以及自我實現的不同層次，來對應周遭的環境與文化的生活品質。在日本生活俱樂部身上即可見證「合作社」的組織，是如何透過生活與自治的思考與行動，來滿足人類對理想生活的需求，實踐了人本之理想。

作爲第一位赴日研修生的青松，在心急於合作社理想早日實踐，而與組織成員關係緊張中，選擇了離開組織，但是卻離不開對台灣未來的使命感。於是開始整理在日研修的見學心得，一部日本女性三十年傳奇的運動史，就在他歸隱宜蘭的儉居生活中完成。對於台灣青年對社會如此戀戀不捨的關心，身爲合作運動成員的筆者，有著說不出的心疼與感動。

這個榮獲一九八九年另類諾貝爾獎的日本生活俱樂部三十年寶貴的經驗，事實上絕非一本書可以道盡。日本生活俱樂部由三二九瓶牛奶的共同購買開始，奠定了以「班」爲組織基礎，架構出深入社區的合作社。日本原本即是具有高度團結文化的國家，二次大戰時期的婦女後援組織，在戰後迅速轉型成爲關心消費品質運動的社團。「主婦連合會」的十圓牛奶運動的創意，直接影響後來「世田谷生活俱樂部」的形成。而岩根邦雄的執著，也吸引了具備執著特質的主婦們參與，專業主婦對生活食用消費材的講究，是永續這個生活消費團體的根本原動力。

本書共分十章，九章深入探索日本主婦由生活出發的參與經驗，最後一章延伸回到台灣本土的經驗。

第一章交代了歷史時空下，具有民主自覺的市民運動的緣起。當年，日本牛奶市場受到三大廠牌聯合壟斷，不論在價格、品質上，都存在著不合理的現象。然而由於消費者們共同的努力，使生活俱樂部產生「即使與大廠商對抗，也有勝利的機會」的信心，折戶進彥先生如此回憶著當年。多次與生活俱樂部連合會前會長折戶進彥先生相逢於台日韓姊妹會的交流，常感自慚的是日本前輩以一生職志，從事著合作運動至退休的堅毅。

第二章描述從生活俱樂部到消費合作社的曲折過程，不難發現當年岩根邦雄、橫田克巳等日本生活俱樂部的前輩，如何從無到有的組織魄力，同期努力的伙伴至今薪火相傳，讓組織的永續經營得以不輟。譬如說，初期合作社專職的河野榮次先生已是目前生活俱樂部連合會的會長。由此可見組織的經驗傳承多麼重要，培養人才是長期的事。這樣穩定的人事，是值得台灣社團學習之處。

第三章，理想與現實生活如何結合，端賴所有成員以生活爲主軸，發展出「自主營運，自主管理」的文化，方有可能造就。合作社的這種生活合作經濟性組織，其特性即是符合理想與現實兼顧的條件。家庭主婦源源不絕的生活創意，成爲合作社可貴的行動力。「自主研究」的組織文化，可由整頭豬的共同購買與烹調經驗中，看出主婦的生活專業性。

第四章，「從改變自己的生活做起」的觀念出發，醞釀出驅逐合成洗潔劑的運動，最後終於催生了「琵琶湖優養化防止條例」。由家庭主婦務實的提高肥皂的使用量，甚至進行廢油回收做肥皀的推廣，積極達到雙重降低污染的效果。瞭解家庭生活消費材與環境生態之間的連帶影響，日本姊妹的做法，值得借鏡。

第五章，民主的組織運作模式，一直是合作社眞正的精髓，生活俱樂部以「主婦爲主體」的組織文化，充分展現民主舞台的功能。從非專業到專業的學習機會，是合作社的迷人之處。在日本合作社的實地參訪與觀察中，筆者發現男性專職架構組織，女性則是活化組織與行動的主力，這種兩性合作的方式，是否即爲生活俱樂部穩定發展的祕密，有待探討。

第六章充分彰顯了日本姊妹們要求生活品質全面提升的決心。「生活就是政治，政治也是生活」的體認，讓一群婆婆媽媽打出「政治代理人」的號召，成功地實踐了「主權在民」的理想。一九八七年四月的統一地方選舉中，「GROUP生活者」一舉推出十三位候選人，能創下全員當選的佳績，絕非倖致而是全體共識與努力的蜜果。

第七章，攜手合作創造自己的勞動價値，是一向無償的家庭主婦們成立勞動自主事業的中心思想。「推出政治代理人」、「設立迪坡」，以及成立「女性的勞動自主事業」，都是由「出資、營運、利用」的合作社原則發展出來。有償或無償參與勞動的自由抉擇，也是合作社的特色。這種依據個人意願與條件而設立的機會，提供了家庭主婦寬廣而多元的生命舞台。擁有自主勞動的經濟價值，是讓主婦活得更有自尊與成就感的因素。

第八章，向來在生產者與消費者之間，由於層層流通機制的阻隔，彼此間的「互不信」是常態，「互信」反倒是需要刻意培養，才有滋長茁壯的機會。日常食用的米、牛奶、魚肉等，究竟如何取得令人安心的來源，「生活俱樂部」的媽媽們，以打破砂鍋追到底的精神去瞭解眞相，並且集結消費力量去支持好品質的生產者。基於跨國人道支援的立場，另類貿易型態的香蕉購買，成爲平衡資本國家剝削的力量。「身土不二」的農業觀更是値得農地普遍廢耕的台灣思索，重建土地倫理與自主農業的必要。

第九章的重點在於迎接全面性的福祉生活。社區型的迪坡、市民共濟制度的設立、福祉俱樂部的誕生、預約老年生活，甚至於衆人齊心訂做的協同村，「生活俱樂部」幾乎包辦了生老病死過程中，各項不同需求的照顧，令人眼花撩亂，爲之動容。

「後記」則紀錄了深受日本「生活者」思潮影響的台灣主婦聯盟，十年來如何在摸索中坎坷走來。身在其中的筆者，特別深刻於草創期間所有專職的執著至今。當籌備合作社的鑼聲想起，無法逃避地擔任起召集的籌備工作，實質的事務則由所有投入的伙伴們共同分勞。

投入社會運動二十年，側身於婦運領域的筆者，一直扮演婦女自覺的推動者。如今，確信自己的往後歲月，也將致力並期待女人主體經濟的組織，得以生生不息不斷成立。在這個過程之中，特別珍惜的是所有參與其中的男性們的積極合作，無論是之前投入或此刻仍持續付出的男性們。

這本書中青松對日本、台灣共同購買運動的體驗，做了深刻的交代。筆者在此由衷感謝，這款細心的經驗整理，對於台灣主婦聯盟生活消費合作社的社員而言，絕對是本極具參考價值的好書，同時對於面臨WTO衝擊的台灣農業來說，全民的閱讀與具體投入生活消費合作運動，也才有可能開創生產者與消費者雙贏互惠的局面。

一起加油吧！讓我們向日本的姊妹會看齊，在她們三十年的經驗支持中，為全面提升台灣的生活品質盡力而為！

陳來紅　於台北

二〇〇一年十二月

（本文作者現任台灣主婦聯盟生活消費合作社理事主席）

# 作者序

直到把這本書完成，自己才眞的鬆了一口氣！那是種難以言喻，如釋重負的感覺。過去的七、八年來，自己一直覺得跟生活俱樂部有種切不斷、理還亂的關係。身爲台灣主婦聯盟的第一位赴日研修生，那段在生活俱樂部工作的日子，對自己來說，確實是一種極爲痛快的學習經驗，也是在台灣的學校裡從來沒有過的！

無論是耄耄然的老者，還是年紀輕輕的毛頭小夥子，或者是來自四面八方的家庭主婦，只要自己敢開口，生活俱樂部的伙伴們就會告訴你所有她(他)們知道的答案，不怕你學不到東西，只怕你不知如何開口，這種暢快的感受，簡直像身上所有學習的毛細孔都打開似的，身旁隨手拈來，都是學不完的材料，直到現在彷彿都還能回味當初的感覺，那是一種感動，一種與人分享夢想的感動，也是自己回來台灣之後，最想做的事情。

第一次聽到生活俱樂部，是在二妹玫的來信上，當時在新加坡唸書的她，告訴我班上有個日本來的老同學，聽說在一個有趣的地方上班，玫知道這個唸環境工程的大哥，心中老是對台灣的環境問題不滿，於是便請對方寄來一些英文資料，這是我第一次知道有「Seikatsu Club」（生活

知道在大海的彼端，有那麼一群與自己擁有共同理想的同志，是種莫名的幸福。（前山梨生活俱樂部金恭子小姐攝於山梨縣生活俱樂部的配送途中）

俱樂部）這個組織。退伍後不久，剛好有機會到新加坡一遊，自己當然不會錯過這個一探究竟的機會，馬上直奔這位石井先生（神奈川生活俱樂部派駐新加坡的兼職留學生）的住處，雖然筆者只能說上幾句破英文，但是彼此的交談已經引起心中莫大的好奇，沒想到世界上竟然有這麼有意思的組織，既能夠營利維生，又能夠推廣各種環境保護的運動，這豈不是太理想了嗎？後來石井先生留給我台灣主婦聯盟的電話，他告訴我這個團體跟他們有交流關係，如果我有興趣的話，不妨前往認識一下。

結果這一探便探出了跟生活俱樂部的不解之緣。在進入主婦聯盟共同購買中心工作後不久，恰好雙方正在討論派遣研修生計劃的事，在極爲幸運的情況下，自己竟然雀屏中選，來到日本這個神奇的婦女團體的現場，進行爲期一年的研修。而本書的內容，大致上就是根據當時研修的親身所見，以及所蒐集的歷史檔案及資料文獻，加上訪談部分當事者編寫而成。回想起當時在日本的日子，由於接受研修的機關是生活俱樂部連合會，所以自己有機會到各地的單位社或合作機構參訪，平常書面工作雖然是在東京的辦公室裡進行，可是絕大多數的時間，都必須一個人背著行囊，到達指定的地點，跟預定接頭的人碰面。有時是當天往返的參觀，有時則是長達一個月的研修旅行，地點更是無奇不有，有些地方是熱鬧的市區，有時則是地處偏僻的密林，有些時候更得大清早上船出海捕魚，有時則是在零度的氣溫中摘青椒，有一次還跟來自車諾比爾災變村的孩子們共處一夜！最令人難忘的則是在富士山下，滿眼楓紅、白雪蓋頂的那些個日子！這些數也數不盡，道也道不完的經歷，確實化作自己後來投身台灣共同購買工作的原動力。

回到台灣之後，共同購買中心繁重的工作量，確實讓人有吃不消的感覺，不過只要想起在海的另一端，也有一群人爲了同樣的理想而努力著，便不自覺地湧現一股力量，繼續支持著自己，奔走在都會與農村鄉野之間。雖然從日本抱回了一大堆的資料，在日本期間也定期送回中文報告，可是心中總有個遺憾，覺得自己所看、所學，比自己能夠告訴人家的多得多，而且也沒有充足的時間，好好去整理這些思緒，直到一九九八年，筆者由於工作上的瓶頸與疲累，終於不得不暫時緩下腳步，退出共同購買的第一線，但是卻燃起了另一個意念，希望藉機會好好整理過去研修的經驗，不僅把這個難得的經歷告訴更多的朋友，同時也重新整理自己對運動的想法。

如今，距離當時自己踏進生活俱樂部的大門，足足經過了七個年頭，胸中的點點滴滴，一絲一縷，全部消化成爲這本生活俱樂部的發展史，期待它能成爲各位讀者的良伴，更爲所有用心追求理想的朋友帶來勇氣。

最後，筆者希望感謝所有在共同購買這條道路上，陪伴自己一路走來，容忍這個年輕後輩種種魯莽與不解人情的行爲，讓筆者有機會在慈母般的包容中成長，對一個初出茅蘆的年輕人來說，這的確是值得永遠珍惜的幸福。另外，對於遠流台灣館的王明雪小姐及鄧子菁小姐，還有其他協助本書完成的不知名朋友，如果不是她們耐心地編排、校對，並且適時地提醒自己天馬行空、下筆不知自止的個性，這本書絕不可能有今天的面貌。如果書中有任何疏漏或不清楚之處，完全是筆者個人的責任，尚請各位讀者朋友不吝指教爲荷。

賴青松　於宜蘭

二〇〇二年一月

# 一 從三三一九瓶牛奶開始

當昭和天皇宣佈日本戰敗的「玉音放送」，
從收音機裡傳出的那一刻起，
將近百年的明治維新傳奇也暫時畫上了句點，
然而軍國主義的倒下，
卻不必然等於民主社會的誕生！
由盟軍勢力扶植崛起的自民黨政權，
在美日安保事件中讓人民徹底看清了這一點，
一名叫做岩根邦雄的年輕人，
在失望地遠離國會議事堂前示威衝撞的激情現場後，
默默地回到了自己的社區，
招募了三百二十九瓶牛奶的飲用訂戶，
開始打造一條屬於人民的長期抗戰的陣線，
矢志走出眞正民主的道路！

## 1

# 近代日本的登場

大正時代可說是「摩登」的象徵，
大正三年，三越的吳服布莊正式開張，
裡頭還裝設了全國第一架手扶式電梯；
大正九年，穿著洋裝的車掌小姐出現在東京街頭；
大正十三年，美國的爵士樂開始流行；
大正十四年，日本的廣播電台舉行開台首播儀式。

一八六七年，德川幕府的最後一任將軍——德川慶喜，交出掌理天下的大權，自此明治天皇正式成爲名符其實的全日本的統治者。然而在西洋列強環伺之下，日本被迫解除長久以來的鎖國政策，爲了避免如同鄰近的清帝國一般，遭受列強強迫簽訂屈辱的條約，淪爲半殖民地的狀態，明治天皇遂在有志藩士的輔佐下，推動改造日本國家的大業，這便是舉世聞名的「明治維新」。

當時除了廢除諸多封建舊制之外，引進德國的國民徵兵制，以及實施地租改正制度，更是明治維新推動的重點，這使得日本得以建立一支近代化的軍隊，也使得農民有權決定耕種的作物，並且得以自由買賣土地，爲後來資本主義的發展，打開一條生路。這次土地改革的經驗，後來也在統治台灣時派上用場，爲了使台灣這塊意外新增的國土，順利與日本內地的企業資本接軌，總督府在台灣做的第一件事，便是徹底清丈土地，確認土地所有權的歸屬，使土地成爲可交換的商業資本，奠定外來殖民資本生根發展的基礎。

這場十九世紀的重大史劇，不僅在短短半個世紀之內，使日本的國力迅速提升，接連打敗俄國與清國，成爲殖民列強之一，甚至在第一次世界大戰結束之後，與美、英、法、義等國共同參與巴黎和會，並成爲國際聯盟的常任理事國，正式躋身世界五強之一。

雖然日本的國際地位與日俱增，然而國內的社會民生狀況卻恰好相反。儘管日清、日俄戰爭及第一次世界大戰所帶來的戰爭需求，刺激日本經濟快速地發展，但同時也造成高度的通貨膨脹，無數貧窮的農民被迫放棄祖先的土地，湧進都市討生活，光是在第一次大戰前後，日本的都市人口便足足成長了一倍，而且受薪階級也大幅增加。根據大正九年（一九二〇年）所舉行的首次國勢調查，當時受薪者人數已接近總人口的百分之十，而從一九一四年至一九一九年之間，農林漁等一級產業的就業人口，亦從百分之六十降到百分之五十，這些人大多成爲紡織廠的女工、造船廠的工人或礦山的苦力。

對於一般日本人而言，大正時代（一九一二～一九二六年）可說是「摩登」的象徵。大正三

每逢戰事爆發，為了取得更多生活必需的食糧，許多都市年輕人在街坊的央託之下，搶搭列車前往鄉村收購，這可說是「共同購買」活動的原始雛形。（引用自每日新聞社《新版戰後50年》）

年（一九一四年），三越的吳服布莊正式開張，裡頭還裝設了全國第一架手扶式電梯，大正九年（一九二〇年），穿著洋裝的車掌小姐出現在東京街頭，大正十三年（一九二四年），美國的爵士樂開始流行，大正十四年（一九二五年），日本的廣播電台舉行開台首播儀式。然而與此相對的，隨著國際情勢的緊張，以及日本積極部署對外用兵，大規模蒐購軍備米糧，再加上農村人力湧入都市，稻米的生產人力轉為不足，米價也開始飛漲，最後終於導致大正七年（一九一八年）七月的「米騷動」事件。數以百計的富山縣漁村婦女，聚集起來抗議，要求禁止縣內稻米對外輸出，甚至企圖阻止運輸汽船的航行，最後還演成群起攻擊米店的全武行。這件事情不久後即蔓延到全國各地，演變成為男性勞動者與鎮壓軍隊的對抗衝突，最終有七千多人遭到起訴。

而當時將全副心力對外的日本政府，面對國內社會的不安情勢，依然堅持頑固的打壓手段，許多社會主義組織或政黨被迫解散。直到昭和七年（一九三二年），一群受到國家主義影響的年輕海軍軍官，闖入首相官邸，暗殺當時主政的犬養毅首相，繼而在昭和十一年（一九三六年），又有一群陸軍年輕軍官攻擊當時的首相及閣員，甚至佔領東京的中心地區之後，日本的憲政體制正式崩解，軍方的勢力開始坐大，軍部獨裁政權也隱然成形。自此以後，近代日本便逐漸走上毀滅戰爭的不歸路。

# 2

# 美日安保鬥爭的時代

一九六〇年，美國艾森豪總統提出「新安保條約」的概念，簽署條約的岸信介內閣，頓時成為日本的全民公敵，從工會組織到大學生，從知識份子到家庭主婦，無不積極地投入這場保衛民主的聖戰，罷工、罷市、包圍國會、停駛火車……幾乎來自各個階層的日本人，都投入了這場安保鬥爭的行列。

年輕的岩根帶著相機趕往國會的示威現場，好不容易爬上了國會的高牆，準備獵取最佳的角度，但是眼前的景象卻令他遲遲無法按下快門……

一九四五年八月，美國的轟炸機在日本的廣島與長崎投下兩顆原子彈，不僅造成數十萬無辜市民的生命損失，同時也迫使日本答應無條件投降。

一九五一年九月，以美國爲首的四十餘國，與日本簽訂〈舊金山對日和約〉，同時美國另外與日本單獨簽訂一份〈美日安全保障條約〉，要求日本接受美軍繼續駐留當地，並且使用舊有的軍事設施，至此日本才得以恢復國家主權的獨立。

一九六〇年可說是日本戰後發展史上，具有特別意義的分水嶺。由於日本在戰後十數年間，歷經韓戰、越戰等戰爭特別需求的景氣刺激，再加上在美日安保條約的保護傘下，得以全力發展經濟，一九六〇年代便成爲世人著稱的「高度經濟成長期」，到了一九六七年，日本的國民生產毛額已經緊追美國，成爲全球的第二位。眼見日本社會拼命發展經濟，而國防安全的問題卻完全由美國負擔，造成美、日間經濟實力的消長，美國政府的想法也開始轉變，於是乎在一九六〇年，美國的艾森豪總統提出了「新安保條約」的概念，條約中對於駐留美軍的部分大致照舊，改變較大的是當美日有任何一方遭受武力攻擊時，美軍與日本自衛隊都必須同時出動，也就是美、日共同軍事行動的義務化。

這一點對於接受戰後民主教育洗禮的日本人而言，確實是個難以忍受的無理要求。表明支持簽署新安保條約的岸信介內閣，頓時成爲日本的全民公敵，從各種工會組織到大學生，從知識份子到家庭主婦，無不積極地投入這場保衛民主的聖戰。參加群眾累計超過數百萬的國會包圍示威行動，包括停駛火車在內的各地罷工、罷市風潮，可說幾乎來自各個階層的日本人，都投入了這場安保鬥爭的行列。

而後來發起成立生活俱樂部的岩根邦雄，當時便是置身這場世紀民主保衛戰中的一員。一九六〇年剛從東京的寫眞專門學校畢業的他，不過是個二十來歲的年輕人，跟許多在戰爭中度過童年的日本人一樣，親眼見到戰前與戰後，整個日本社會所發生的巨大震盪，原本戰前在校園裡不可一世的教官，戰後卻成了被學生唾棄的過街老鼠，本來在日本人心目中地位崇高的神子天皇，卻變成單純的平常人，這些現象都刺激他對社會問題的高度興趣，如今眼見這場全民關注的民主運動，他更是不會放過這個機會，儘管已經脫離學生時代，但浪漫的熱情還是驅使著他，帶著相機趕往國會周邊的示威現場，一心一意只想把這些歷史鏡頭，誠實地紀錄下來。

當時年輕的岩根擠身在擁擠的人群中，好不容易爬上了國會的高牆，準備獵取最佳的角度，但是眼前的景象卻令他遲遲無法按下快門。一群支持新安保條約的右翼團體，竟然操持著嵌有鐵釘的棍棒，無情地攻擊反安保的學生，試圖阻擋示威群眾衝進國會的警察，一次次採取強硬的驅離手段，與手無寸鐵的市民進行貼身肉搏戰。在岩根的心中，開始對自己所扮演的角色產生強烈的懷疑，面對這麼多的民眾，爲了爭取民主而負傷、流血，而自己所能做的，卻只是冷靜地，或者該說是冷血地捕捉鏡頭，而非出於人性同情的本能，立刻投入救援傷者的行動，這使他頭一次對報導攝影者的角色產生質疑。

直到當年六月十五日，在一次激烈的警民衝突中，一名東大的女學生——樺美智子，因爲受到過於強烈的力量衝撞，竟然在示威現場死亡，此時他再也按捺不住內心的激動，義無反顧地投入示威群眾的行列，成為挺身捍衛民主體制的一員。

然而最後的結果卻讓人民徹底失望，憑藉著優勢警力保護的國會，終於在全民一片反對聲中，強行通過了新安保條約簽訂的決議案，而岸信介內閣也在條約生效之後，立刻對外宣布總辭，安保鬥爭的衝突也暫告一段落。事件雖然暫時落幕，但是對於當時還身陷於抗議群眾之中的岩根來說，卻嘗到了一生中從未有過的挫折感。

數十萬人包圍永田町國會議事堂的畫面，曾經撼動那一代無數日本人的心。（引用自每日新聞社《新版戰後50年》）

# 3

# 十圓牛奶運動——「世田谷生活俱樂部」成立

這個迷你型的牛奶共同購買團體，
有個特別的名稱，叫做「世田谷生活俱樂部」。
剛開始牛奶訂購的總數為三二九瓶，
每天凌晨三點鐘，
全酪的職員會將牛奶送來，
而輪值配送的人，便得頂著半夜凜冽的寒風，
騎著鐵馬，把一瓶瓶的牛奶送到會員的家裡。

儘管一九六〇年安保鬥爭的失敗，確實是日本戰後民主主義發展的一大挫敗，但是不可諱言地，這也是第一次，日本的市民們站出來，勇敢表達自己心目中對於政治的看法。

雖然在這場安保鬥爭中，岩根的信心受到強烈的衝擊，不過這並沒有打倒他，就在國會通過新安保條約之後幾個星期，他便來到了位於澀谷的社會黨世田谷區支部辦公室，並且當場塡寫了

入黨申請書。

原來在這場撼動全國的民主保衛戰中，許多年輕人對執政的自民黨徹底失望，轉而投入強調民主自由的在野的社會黨，爲此甚至還形成一股青年入黨的風潮，這也就是後來通稱的「安保黨員」，遺憾的是，社會黨的表現卻令岩根大失所望。在一般日本人的心目中，社會黨向來是個以工會成員爲中心的改革主義黨，但是在人口數高達八十萬的世田谷區，卻只有區區兩名專職黨工，負責一些例行的動員及聯絡事務，而平常宣傳活動的對象，也僅止於加入地區工會的一萬名會員，至於其餘的數十萬市民，彷彿跟社會黨一點關係也沒有，不過這些還不足以讓年輕的岩根退卻。在加入社會黨之後，岩根便積極地參與組織的活動，並且負責青年對策部的組織工作，後來甚至還出馬競選世田谷的區議員，結果在缺乏有效的組織奧援之下，以社會黨候選人之中的最低票落選。

這場區議員的選舉，讓他看清楚了既有政黨的眞相，儘管社會黨高舉著革新政黨的大旗，但是實際上的輔選運作，卻與保守的自民黨的做法不分軒輊，只要是工會出身的幹部，靠著黨員組織的配票，便能夠順利地當選，即使候選者本人對政治缺少熱誠，只要在選區內的人脈關係良好，就有可能被黨部推舉爲候選人，唯一跟自民黨差別較大的是，在野的社會黨並沒有太多可用的資源，無法進行露骨的賄選或攏絡行動。

當時東京的世田谷區，屬於平均年齡較輕的住宅密集區，相對而言，居民們的知識水平也較高，在國會議員的大選中，自民黨在這一區的得票數只有八萬多票，但是在與社區關係較為密切的區議員選戰中，自民黨的得票率卻增加了一倍，如何爭取這中間的游離選民支持，無論如何，是今後改革勢力的重點，而且如何在社區之中，建立起與日常生活密切連結的運動，和社區居民產生有機性的聯繫，將是民主運動能否繼續發展的關鍵，落選的岩根心中如此盤算著。

此時，有項默默在社區中蔓延的活動，引起了他的注意，那便是由「主婦連合會」所發起的「十圓牛奶」運動——原來在日本戰敗之後，經濟蕭條到了極點，通貨膨脹與黑市交易的情形至為嚴重，雖然政府採取了強制配給的制度，但是品質惡劣的配給食品，卻叫人難以忍受。後來終於有一群家庭主婦們，決定團結起來，試圖以自己的力量來解決這個窘境，她們於一九四八年成立了主婦連合會，這可說是日本最早期的消費運動組織。正如同前述的「米騷動」一樣，每當日常的飲食或消費環境發生問題時，日本的婦女們總是第一個站出來爭取自己的權益。由於戰後大批軍人返鄉，社會上出現

從過去牛奶集體飲用的記憶點滴，到現在招募新社員的文宣傳單，牛奶一直是生活俱樂部不可或缺的主角之一。(左下角是最早用來配送牛奶的摩托車)

所謂的戰後嬰兒潮，也就是日本社會俗稱的「團塊世代」，牛奶這項營養的育兒食品，自然成爲媽媽們注目的焦點，然而當時市場上販售的牛奶，幾乎被雪印、明治及森永等少數幾家大廠牌所獨佔，他們聯合壟斷了由生產、流通到銷售的管道，原本一瓶（180c.c.）的牛奶，牧場的原乳收購價格是四圓三十錢，經過這些大型牛乳工廠的加工之後，竟然以九圓三十錢的價格供應給零售商，而零售業者再以十五圓的價格賣給一般的消費者。一九五五年，主婦連合會等消費運動團體，遂決定直接與中小型的牛乳業者合作，開發出售價十圓的產品，到了一九六〇年，全日本已經出現近四千個類似的牛乳集體飲用組織。

由於岩根夫婦當時先後加入社會黨，所以兩人都曾有在社區分發傳單，或進行募款活動的經驗。反對美國政府在太平洋地區進行核子試爆，是當時社會黨活動的主要議題，岩根太太志津子便是負責連署活動的主要幹部，或許是身爲百貨公司售貨員特有的親和力，她在社區裡的活動，特別受到家庭主婦們的青睞，藉著這樣的機會，志津子也在社區裡結識了許多談得來的婦女。後來岩根決定以主婦連合會的十圓牛奶運動爲範本，以東京世田谷區松原地區，也就是自己住家附近的家庭爲主，開始募集願意飲用便宜牛奶的主婦們。這種配送牛奶到家的活動，不僅能夠創造與社區民眾時常接觸的機會，同時還能夠達成組織本身經濟的自立，對於當時落選且負債累累的岩根而言，這顯然是個不錯的主意。透過挨家挨戶的拜訪，終於招募到約兩百名的購買會員，牛奶訂購的總數爲三二九瓶，然而相對於主婦連合會在世田谷區每天動輒七、八千瓶的訂購量，簡

便是這種配送人員與家庭主婦的面對面互動，造就了生活俱樂部在社區裡的穩固基礎。

直就是小巫見大巫。

這個迷你型的牛奶共同購買團體，有個特別的名稱，叫做「世田谷生活俱樂部」。剛開始參與的成員，除了岩根夫婦之外，還有兩三個岩根在青年對策部時代結識的年輕小伙子，其中還包括目前生活俱樂部連合會的河野榮次會長，當時他還只不過是個高中剛畢業的大孩子。他們首先面對的問題，是必須先找到願意提供便宜牛乳的業者，當時一瓶牛奶的市售價格是十八圓，而岩根的企圖是透過集體飲用的方式，將價格降低到十五圓一瓶，如此才能吸引更多消費者加入。幸運地，與主婦連合會合作的全酪牛乳（全國酪農業協同組合連合會），善意地表達與他們配合的意願，並撥出部分的牛奶給生活俱樂部的會員，不過說來難堪，當時的生活俱樂部，連購置冷藏櫃的本錢也付之闕如，最後只好以租賃的方式，向全酪牛乳借來一只冷藏櫃，暫時擺在岩根夫婦位於松原六丁目的木造公寓樓下。每天的凌晨三點鐘，全酪的職員會將牛奶送來，而輪值配送的人，便得頂著半夜凜冽的寒風，騎著鐵馬，把一瓶瓶的牛奶送到會員的家裡。

# 4

## 便宜牛奶＝爛牛奶？

於是乎，他們開始認真思考——「牛奶究竟是什麼？」並進行詳實的調查，岩根終於發覺，其實他們提供的才是道地的牛奶。但是當時的消費者，普遍都存有「便宜沒好貨」的偏見，捨棄便宜又實在的牛奶不喝，選擇華而不實的「加工乳品」；由於當時俱樂部所提供的道地牛奶，使用的是紫色的塑膠封蓋，於是岩根便喊出「請喝貼有紫色瓶蓋的牛奶，拒飲其他牛奶」的口號，成功地扭轉了原先的劣勢。

一九六五年六月一日，凌晨四點鐘左右，這個小小的共同購買團體，終於送出了第一瓶牛奶。那天負責配送工作的是還未成年的河野少年與岩根太太志津子。

配送牛奶的工作聽來容易，但是對於沒有經驗的人來說，絕難體會箇中的辛苦。由於當時生活俱樂部才剛起步，根本沒有多餘的資金，唯一的配送工具，便是平常用來代步的鐵馬，而且在腳踏車的把手兩端，還必須分別掛上一只重達二十五公斤的運貨袋。不巧的是，第一天上路，便碰上霪雨綿綿的壞天氣，加上當時鋪設的柏油馬路，跟台灣的情況差不多，到處坑洞不說，而且道路的中央特別凸起，兩側則顯得略為下陷，停放腳踏車時稍有不愼，就容易失去平衡。滿載著牛奶的腳踏車一旦倒地，那種悽慘的光景，任誰都不難想像，而第一天的配送作業，便在全身濕透，沾滿土味與奶香的河野少年的滿臉歉意中結束。

經過一個月跌跌撞撞的配送工作之後，岩根終於下定決心，放棄腳踏車，改用機車來配送。雖說機車的馬力與安定度，都遠比腳踏車來得高，但是在上下坡道特別多的世田谷區，只要稍一疏忽，免不了要摔個鼻青臉腫，年輕力壯的河野尚且如此，那個子嬌小的志津子就更不用說了。

然而這些配送作業上的困難，都還稱不上是難題，眞正嚴苛的考驗，還在後頭等著他們。原來他們推出的十五圓牛奶，已經造成社區裡其他牛奶零售商的壓力，第一個被找麻煩的，便是唯一的女性成員志津子，由於牛奶配送的時間都在人跡稀少的清晨，因此自然也成為對方下手的好時機。有時出現的是替知名廠牌牛奶打工的學生，有時連零售店的老闆也親自出馬，他們的做法往往是找個地點隱密的角落，突然出現在志津子身旁，一把握住她的腳踏車把手，出言恐嚇道：「少跟我們的生意過不去！知道嗎？」更慘的是年輕氣盛的河野，有時幾個來路不明的傢伙，乾脆躲在街角，趁他不注意的時候，圍上來就是一頓好打，不消說，當然是表示對生活俱樂部的一種警告。

除了上面提到的暴力型干擾之外，還有一種是智慧型的妨害策略。由於一般牛奶配送的時間都在清晨，爲了避免打擾訂戶的睡眠，所以配送員都會將牛奶置於戶外的保溫容器內，而一些有心打擊生活俱樂部的不肖業者，便會尾隨著配送員的腳步，將剛送到的牛奶取走，讓會員誤以爲是配送者的失誤。更缺德的做法是，在牛奶的紙栓上用針戳上一個小孔，然後帶走放上一個星期，等牛奶發酸之後，再悄悄跟剛送到的牛奶調換，用意無非在打擊生活俱樂部的信用。

面對這些令人憤慨的惡意干擾，岩根跟生活俱樂部的伙伴們並未氣餒，反而更努力於會員的招攬，同時爲了提升這些家庭主婦們的認知，不惜從有限的經費中，挪出部分刻印鋼板的費用，發行每月出刊的〈生活俱樂部快報〉。在配送才剛起步一個月左右，也就是一九六五年七月的快報中，便曾記載著下面這一段文字——「在這一個月當中，有十名會員退出，另有兩百三十名的新會員加入。細究退出者的主要理由：一、牛奶的價格較市面便宜，懷疑是否攙有脫脂奶粉。二、聽某牛奶零售商說，生活俱樂部的牛奶因爲添加脫脂奶粉，所以能夠壓低售價，而其本著生意人的良心，實在無法提供低於十八圓的劣質牛奶。三、據某牛奶業者表示，生活俱樂部的牛奶風味不佳，所以退訂的會員不少，或許心理上受到影響，自己也開始覺得牛奶的味道怪怪的，而且也好像不太耐放等等。爲了求證這件事情，我們特別到梅之丘保健所去詢問，發現東京都政府的衛生單位，對於市面上的牛乳，都會進行不定期的抽檢，而符合規定者，才能夠繼續販售，因此有關製造廠蓄意添加脫脂奶粉，或未依規定進行殺菌作業之情事，應該不可能發生。」

從這段文字當中，多少能夠看出生活俱樂部當時所面臨的窘境。在競爭業者的造謠打擊下，不少原本支持岩根夫婦做法的家庭主婦，態度開始轉趨保留，甚至接受生活俱樂部的牛奶是二流、三流貨色的說法。由於共同購買活動最原始的出發點，係在於大量訂購所創造出來的價差，所以老實說，岩根跟他的伙伴們根本沒思考過品質方面的問題，如今面對這種挑戰，完全沒有招架的能力。這些早期的會員，絕大多數都是岩根夫婦在反對核子試爆的連署活動中，在社區中結識的朋友，擁有高學歷者不在少數，但是對於業者信口開河的污衊，卻絲毫沒有辨別的能力，這一點讓岩根非常驚訝。

一般人遇到這種打擊，難免會選擇放棄或另覓出路，然而向來喜歡追根究底的岩根，卻不願意就此認輸，他心裡想：「既然人家批評牛奶不好，我就更得設法證明我們的牛奶好在哪裡！」回顧生活俱樂部這三十多年來發展的經過，這股精益求真，絕不輕言放棄的「探究根本」的精神，可說是生活

岩根邦雄憂鬱但堅定的眼神，彷彿透露出他對生活俱樂部這條道路的堅持。（1979年出版的《生活俱樂部伴我行》一書中，留下許多岩根當時的記憶。）

俱樂部作爲一個社會運動團體最大的特色。

於是乎，他們開始認眞思考「牛奶究竟是什麼？」並且從最末端的銷售階段回溯，進行詳實的調查。這時他們才發現，依照日本政府的規定，必須先向衛生主管單位申請許可，才有資格販售牛奶，而符合食品衛生等法律規範，以及其他相關規定，則是通過營業審核許可的前提。至於「牛乳」這項產品，在農林水產省所頒布的〈乳品及乳製品成分規格之相關行政命令〉中，則有清楚的定義──「所謂牛乳者，係指乳牛所搾出的乳汁，在經過殺菌、脂肪均質化等過程之後，所得到的產品，除此之外不得經過任何加工步驟。」在同一項行政命令中，也明文規定了「加工乳」的定義，所謂「加工乳」是指「添加有各種加工原料的牛乳製品」。例如「特濃牛乳」，即是指添加脫脂奶粉後，再提高乳脂肪的產品，而「維他命牛乳」，則是在原乳槽中添加維他命劑，使成品的維他命含量提高。僅僅增加這幾道簡單的加工手續，市面上這類加工乳品的售價，便較一般牛乳高了三、四成。

經過這次踏實的調查行動之後，岩根終於發覺，其實他們提供的才是道地的牛奶，但是當時的消費者，普遍都存有「便宜沒好貨」的偏見，捨棄便宜又實在的牛奶不喝，反而選擇華而不實的「機能性牛乳」，也就是所謂的加工乳品。得到這個確實的結論之後，岩根終於能夠再度挺起胸膛，向社區裡的媽媽們，重新推銷生活俱樂部的牛奶，而且他們還反守爲攻，中止原本提供的加工乳項目，全力推廣「價廉物美」的普通牛奶，由於當時全酪所提供的普通牛乳，使用的是紫色

對於消費材不遺餘力的探究與學習，始終是生活俱樂部的最大動力來源。（圖為社員們參訪工廠時，大夥兒勤做筆記的模樣。）

的塑膠封蓋，於是他們便喊出了「請喝貼有紫色瓶蓋的牛奶，拒飲其他牛奶」的口號，成功地扭轉原先的劣勢。

後來還有一次，生活俱樂部所配送的牛奶中，被會員發現混雜有異物，一般的零售業者遇到這種問題，大多會連忙帶著禮物，到倒楣的顧客家中賠罪，以求息事寧人。但是有了上次的經驗，他們不願意因循這種苟且的做法，反而向供貨的源頭追究責任，結果發現這種回收循環使用的玻璃瓶，因爲經常有人用來裝煙蒂等雜物，即便使用再精密的沖洗設備，還是不可能萬無一失。經過種種檢討之後，生活俱樂部終於決定，立即改採紙盒的包裝方式，在此筆者並無意評論玻璃瓶或紙盒孰優孰劣，只是藉由介紹這樣的事例，讓大家瞭解生活俱樂部「過毋憚改」的特質。

這幾次處理牛奶問題的經驗，對於原本尚未確定發展方向的生活俱樂部來說，無疑是個絕佳的刺激與提示。本來岩根夫婦跟他們的伙伴，只是希望建立一種根植於社區的活動模式，但是根本還沒想到該發展成什麼樣的團體，從這一連串的事件中，他們意外地發現，在資本主義強調利潤至上的前提下，絕大多數的牛乳廠商，最在意的是創造「附加價值」及「商品價值」，而非消費者的權利或安全，在當時全日本一片「經濟起飛」、「所得倍增」聲中，根本沒有人想到這個問題，即使是勢力範圍遍及全國的主婦連合會，注目的焦點也始終放在降低價格上頭，而未曾從消費者主權的角度去思考，這也導致後來隨著民生水準的提升，以及主婦連合會成員的老化，原本勢力龐大的牛乳共同購買組織，終於走上逐漸衰敗的命運。反觀生活俱樂部，卻開始留意資本主義社會下，「商品」這個概念本身所衍生出的諸多矛盾，並進而確立捨棄「交換價值」，追求「使用價值」的批判觀點，這可說是生活俱樂部運動最原初的起始點。

# 5

# 企業戰士與專業主婦

在典型「男主外，女主內」的社會環境下，
留在家中照顧孩子的家庭主婦們，成為社區裡唯一的群眾，
相對於終日茫然往返於家庭與職場的男人而言，
這群以家庭與社區為生活據點的婦女，
才是真正瞭解社區居民需求的主角，
而強調「自己思考，自己行動」的生活俱樂部，
便成為她們的絕佳舞台，
相對於二十四小時奉獻給公司的「企業戰士」，
有人幽默地將這群專業主婦稱之為「全日制市民」。

一九六五年，誕生於東京世田谷區一角的生活俱樂部，剛開始只不過是個擁有兩百名會員的共同購買團體，然而在岩根夫婦及幾位年輕伙伴的努力下，在短短的兩年之內，會員人數便成長

至七百八十名，而訂購的牛奶數量，也增加到兩千瓶。在一九六八年五月所發行的組織刊物〈生活新報〉中，便曾經留下如此的紀錄──「『一個我』無法完成的事，如果有『七百八十個我』，就有機會能完成！從一千人到兩千人──如果有越來越多的『我』，組織的力量就越大，可能性也就越能無限地伸展！」

然而岩根本人也不得不承認，生活俱樂部後來的發展路線，與他原先的預期完全不同。身為一個安保鬥爭失敗的歷史見證者，後來又投身於社會黨，經歷過長達五年黨務洗禮的熱血青年，剛離開社會黨之初，原只想藉由社區活動的方式，結合一些有心的同志，繼續延續反安保的社會改革動力，或許是社青部時代的經驗，岩根首先想到的組織對象，自然是社區裡的年輕人，或是較熱心參與工會運動的男性勞工們，但是當時日本社會的快速轉變，卻讓他的期待大大地落空。

一九六〇年代以後，日本的經濟正式進入高度成長的時代，說得更確切些，當時的日本已經進入大量消費的時代。相對於戰後物資百般缺乏的窘境，六〇年代的市場上，簡直到了商品浮濫的地步，幾乎所有的日本家庭，都在這十年之間，購足了洗衣機、冰箱、電視機、吸塵器甚至暖爐等家電用品，加上戰後誕生的「團塊世代」，約莫在這時進入適婚年齡，一對對的新人開始獨立的新生活，於是乎「大量生產，大量消費」這句口號，毫無異議地成為政府與民間的最愛。隨著這股經濟高度成長的潮流，生產規模不斷擴大，產業界出現對勞動力的龐大需求，因此人口開始向東京、大阪及福岡等三大都市圈集中，有人形容這種人口流動的規模，幾無異於民族的大遷徙。

當時的世田谷區，便是東京近郊典型的一個衛星市鎮，居住人口高達八十萬，絕大多數的居民，都是必須搭乘電車到遠地上班的通勤族，這些通勤族大多是在池田內閣「所得倍增」的號召下，爲了追求更美好的將來，離鄉背井到都市來打拼。另一方面，在日本企業特有的「終身雇用制」以及「年功序列制」的影響之下，這群努力開創自己人生的都市生力軍，遂從略帶土氣的鄉村青年，搖身一變成爲日本舉世聞名的企業戰士。所謂的終身雇用制度，係指企業每年固定對外招募新人時，原則上都以應屆畢業生爲主，而員工一旦進入公司之後，除非犯下極爲嚴重的錯誤，或企業本身遭遇不可抗拒的經營危機，否則絕對不會遭到解雇的命運。而年功序列的觀念，則是指企業在考慮員工升遷與薪資時，以員工在職的年資爲最大考量，雖然個人能力在較高的管理職位上，仍是必要的考慮條件，但大抵來說，在任越久的人，職位與薪資所得也越高。在這種制度之下，

這種恍如用積木盒子堆疊出來的集合住宅，正是日本經濟高度成長時期的典型象徵。（東京光之丘團地一景）

員工對公司的忠誠度極高，相對而言，一個人倘使任意離開原任職企業，幾乎等同於自斷就業之路。

面臨這種外在的大環境，無論岩根在社區裡如何大聲疾呼，根本找不到相呼應的同志，社區裡的男人整天往返於住家與公司之間，在經濟呈現兩位數成長的那段日子裡，加班幾乎等於工作的一部分，每當這群企業戰士，拖著疲憊的身體回到家裡，早已是夜深人靜之際，而翌日清晨孩子還沒起床，就又趕著早班的電車出門去，因此在那個時代成長的孩子們，都流行著這麼一句話——「我們是看著爸爸的背影長大的！」

在這種典型「男主外，女主內」的社會環境下，留在家中照顧孩子的家庭主婦們，理所當然地成爲社區裡唯一的群眾。相對於終日茫然往返於家庭與職場的男人而言，這群以家庭與社區爲生活據點的婦女，才是眞正瞭解社區居民需求的主角，無奈的是，她們並沒有一個有效的發聲管道，而強調「自己思考，自己行動」的生活俱樂部，無疑爲她們指引了絕佳的方向，相對於二十四小時奉獻給公司的「企業戰士」，也有人幽默地將這群專業主婦稱之爲「全日制市民」。

在日本的政治、經濟與社會各方面，都進行著全方位都市化的同時，連帶地也產生各種難題。例如在六〇年代末期，擁有自用車的家庭已十分普遍，但是鋪設良好的道路卻極爲有限，因此社會上便出現要求改善道路品質的聲浪，此外隨著團塊世代的結婚與生子，這群年輕的父母，對於教育問題也表現出前所未有的關心，不僅要求政府增設托兒所，藉以紓解大批孩童無處可去

若非這群有心的家庭主婦們，帶著孩子們上山下海地關注生產現場的問題，就不可能有生活俱樂部的誕生。（在多摩丘陵上拜訪農友的社員們）

的困境，同時更提出延長義務教育到高中階段的請求。在都市化腳步較慢的地區，例如位於東京西側丘陵的三多摩地區，以及東京鄰近的神奈川、埼玉及千葉等縣份，雖然政府利用公權力，大力興建許多住宅，但是卻出現一個大問題，那就是硬體設施雖然趕工完成，新住民也陸續遷入，但是這種急就章式，由上而下的造鎮手法，卻無法滿足居民們生活上的種種需求，甚至連買瓶醬油，可能都得坐上半小時的電車。尤其對白天必須留在家中的年輕主婦來說，一方面必須煩惱養育子女的問題，另一方面又必須打理購物繳款等雜務，其心中的壓力與不滿可想而知。

生活俱樂部的出現，或許正好順應了這股社會轉型的趨勢，將這股市民生活中的憤懣，透過共同購買的具體行動，成功地轉化爲改變社會的力量，雖然出現在舞台上的主角，與創始者岩根的預設大不相同，但是這群在戰後成長的日本女性，在強調「男尊女卑」的日本傳統文化之下，所表現出來的社會參與能力，以及自我實現的企圖心，卻值得所有人敬佩。

## 憶當時

折戶進彥（生活俱樂部消費合作社連合會前會長）

我想，故事應該先從生活俱樂部誕生的背景談起。

一九六〇年，日本決定與美國重新簽訂一份兩國之間的「安全保障條約」。當時日本社會上對於此一「安保條約」，同時存在著兩種截然不同的看法。有一派人士認為，「安保條約」是日本與亞洲地區軍事安定不可或缺的保障，而另一派則認為「安保條約」本身即帶來亞洲地區軍事緊張的升高，這兩派之間的對立與摩擦從未停止。這同時也是為了開創亞洲和平與安全的新道路，一場「市民」與日、美政府權力的鬥爭。無奈地，鬥爭的結果是「市民」一方的敗北。在事後的檢討中，市民陣營開始反省，日本真的有獨立於體制之外的市民力量存在嗎？

為了在社區與職場內，重新建立起堅實的民主主義的堡壘，這群人再度回到了各自的生活與工作崗位上。其中有一個人，回到了自己生活的社區，創立了名為「生活俱樂部」的社區組織，其組成的成員絕大部分都是家庭主婦。一開始，組織內部先進行有關政治與經濟的讀書會，希望藉此提升大家對地方政治的關心程度。

不過這種做法也有其隱憂，長此以往，恐怕將變成單純的讀書會組織。如果不能摸索出更具永續性與實踐性的活動模式，作為組織的中心主軸，生活俱樂部也將逐漸喪失活力。

歷經種種討論與嘗試之後，我們決定採取牛奶的共同購買活動，作為組織切入社區的施力點。

當時，日本的牛奶市售價格受到三大廠牌的聯合壟斷，市場完全在其掌控之中。而且這些大廠往往以附加價值較高的加工乳為優先生產的對象，一般牛奶的市場佔有率竟然降到百分之三十左右。

然而在經過一連串的學習活動之後，我們發現這些加工乳只是華而不實的「假牛奶」，進而確立了生活俱樂部追求真正牛奶的決心。

因此生活俱樂部的人們，首先試圖尋找三大廠牌以外的合作對象，酪農生產合作社所屬的牛乳工場，是我們的第一個合作伙伴。當時日本的牛奶流通管道，以「生產者－中盤商－零售店－個別配送」為主流，因此生活俱樂部也決定採取會員個別配送的方式。但是要將一瓶瓶的牛奶（180c.c.）送到每位會員的家中，確實需要花費相當的勞力。靠著義工與打工人員的合力協助，才勉強維持住牛奶的配送路線，牛奶的配送量也由剛開始的三百多瓶，逐漸成長到一千～兩千瓶。

在生活俱樂部的發展過程中，當然也與各大廠牌的牛奶零售商發生磨擦，甚至還受到不少惡意的干擾，有些會員因為受不了壓力而退出，但也有更多勇敢的會員，繼續留下來與生活俱樂部一起努力。後來成功的經驗，使生活俱樂部培養出「即使與大廠商對抗也有勝利的機會」

的自信心，這在後來合作社創立的過程中，也成為會員們對組織認同的重要助力。

在這段與大廠商鬥爭的過程中，我們也展開學習的腳步。在「牛奶究竟是什麼？」這個基本問題上，從酪農、牛奶工廠的管理、品質管理到營養成分等，我們都從零開始重新學習。而且這些具體問題的研究與討論，比起以往那些生硬的政治、經濟的研讀，顯然更能引起會員們的興趣，也更派得上用場。

經過如此種種，懂得「自己思考，自己行動」的人數漸次增加，這群認同生活俱樂部的社會使命者，最後終於走上創立「生活俱樂部消費合作社」的道路。

## 〈草創期的幾個插曲〉

◆由於生活俱樂部所配送的牛奶，經常被人偷走，或是惡作劇地倒掉，某位會員終於忍無可忍，連續好幾天起個大早，準備捉住這個討厭的小偷。沒想到大膽的犯人居然再度上門，被會員逮個正著，從此便未再發生類似的事件。

◆當時由於配送的人力有限，因此牛奶配送的時間往往受到延遲，後來有位會員終於按捺不住，主動表示願意幫忙，只要職員將附近會員的牛奶都送到她的住處，她便會將這些牛奶分送到各個會員家中。這可說是後來共同購買班成立，以及班配送制度的雛形。

◆當時的牛奶瓶多採回收重複使用的方式。如果喝完的空瓶不能如數退還，則必須額外繳交一筆空瓶費。結果沒想到生活俱樂部的會員們，竟然到處去收集人家丟棄的空牛奶瓶，累積一定數量後再退還給牛奶工廠，就這樣憑空增加了一筆退瓶費的收入。

◆生活俱樂部剛開始活動的時候，一般牛奶在所有乳飲料的銷售市場佔有率約為百分之三十。十年後，則快速成長到百分之九十左右。這可說是消費者有意識地改變市場產品型態的首例，同時也帶動了後來的「自然食品風潮」。

# 二 從生活俱樂部到消費合作社

東方民族雖然擁有悠久的歷史傳統，
可是卻獨缺希臘城邦民主文化的土壤，
有的只是戰後嫁接的西方選舉制度，
人民對於權力仍有著可望不可即的恐懼，
從牛乳的共同飲用起家的「生活俱樂部」，
爲了在生活中體現民主的精神，
強調共同出資、參與及營運的消費合作社，
就這麼成了這一群婆婆媽媽們
踏出社會所選擇的第一個身分。

# 1

# 從一千名家庭主婦出發

才剛走進合作社成立大會會場，
就感到一股迎面而來的熱烈情緒，
因為到得比較晚，竟連張空椅子也找不到……
每個人臉上都神采奕奕！
會場處處聽得到孩子的嘻鬧聲，
讓人體會到這就是主婦力量的結合。
「合作社」這隻小雞終於破殼而出了！
雖然還是隻弱不禁風的幼雛，
但是此時此刻，
內心深處卻彷彿有股堅定的聲音告訴自己，
將來一定要把我們自己的消費合作社，
培育成一隻堅強壯大的母雞才行！

「到今年六月，生活俱樂部便要迎接成立兩周年的紀念了！最初總數只有三二九瓶的牛奶共同購買活動，如今已經超過兩千瓶，平均每年增加的速度多達一千瓶。雖然俗話說：『好年冬也著三年工』，但是今年應該也到了暫時回顧與整理的時候了！在生活俱樂部現在的基礎上，重新檢討今後發展的方向。兩年前我們從零開始，在這個什麼都沒有的社區裡，生活俱樂部誕生而且逐漸茁壯！無論或大或小，它都發揮了一定的功能，如今我們希望能讓它有進一步的發展！為了讓更多的朋友有機會參與生活俱樂部的共同購買活動，讓更多社區的民眾能看到生活俱樂部的期刊，如果共同購買能夠轉型為「生協」（日語對「消費合作社」的稱呼），我們的期刊能變成世田谷區居民的社區報，那不知該有多好！」

這是發表在一九六七年五月出刊的〈生活新報〉上的一篇文字，也是消費合作社的概念，首次出現在共同購買會員的眼前。事實上，自從生活俱樂部起步以來，一直以岩根夫婦的公寓住家為據點，貯存牛奶的冷藏櫃則放在公寓的樓下，後來因為空間不夠，不得不跟一位住在豪德寺的會員商量，借得人家的庭院一角，搭起放置冷藏櫃的小木屋。然而除了牛奶之外，生活俱樂部也陸陸續續增加其他供貨品項，其中包括化妝品、奶油、洗潔劑及味噌等，這些大大小小的瓶瓶罐罐，便只能囤積在兩間和室大小的公寓裡，而且這裡還得兼做生活俱樂部的總部，因此各種學習會或討論會，就只能塞在庫存貨品的隙縫間進行，當時身為會員的法政大學校長夫人中村淑子，直到後來，還對這個倉庫裡所舉行過的克難烹飪講習會念念不忘呢！

不管怎麼說，解決倉儲空間過於狹小的問題，的確是眼前刻不容緩的急務。另一方面，儘管參加牛奶共同購買的會員人數不斷增加，但是以一瓶十一圓五十錢的進貨價格來計算，可說是不敷成本的生意，供應的數量越大，反而造成營運上越沉重的負擔，再加上河野兄弟當時已加入生活俱樂部的行列，成爲支薪的專職人員，種種情形都迫使岩根必須做出果斷的決定。如果要繼續發展下去，勢必要擴張設備，同時在組織方面也得確立方向，岩根的心中如此盤算著。

從牛奶、煤油、化妝品等共同購買的活動過程裡，他發現家庭主婦們雖然掌握家中的消費大權，但是對於自己所購買的物品，無論是品質或價格結構，往往一無所悉，而且普遍存在著「貴就是好」的觀念。其次，由於電視機迅速普及的影響，電視廣告也開始成爲左右消費行爲的重要因素。既然如此，更凸顯出強化消費者自身知識的重要性，而且要透過社區中人與人的橫向結合，才能夠擴散這股與「商品社會」抗衡的影響力，成爲一個有力量的組織。此時，消費合作社的概念才開始浮現在大夥兒的腦中，但是又出現新的問題！雖然大家初步決定以消費合作社作爲生活俱樂部轉型的目標，然而無論是岩根夫婦或河野兄弟，卻都搞不清楚消費合作社的葫蘆裡賣的是什麼藥。

大夥兒唯一知道的是，消費合作社係以提高社員的經濟利益與福祉爲目的，同時是強調民主精神的非營利組織。至於組織實際的經營與管理方面，包括岩根在內，所有人都是一張白紙。不過既然決定了目標，就只有一步一步地去實踐，他們首先想到的求助對象是「日本生協連合會」

（也就是全日本的消費合作社聯合社，以下簡稱「日生協」）。幸好當時位於新宿礦勞會館的「日生協」，出版了許多有關經營消費合作社的書籍，從這些參考資料當中，他們選出了幾個較爲典型，堪爲模範的合作社，作爲實際參觀與訪問的對象。

其一是位於農業縣山形的「鶴岡生協」，另外還有位於神奈川的「橫濱生協」，以及立足於岩根的故鄉——京都的「洛北生協」。在拜訪過這幾處組織穩健的合作社之後，的確爲岩根帶來莫大的信心，他相信以生活俱樂部過去兩年多來在世田谷區，一步一腳印的紮實經營，必然能夠成功地轉型爲消費合作社。於是乎，所有生活俱樂部的工作人員，開始走入會員們所在的社區，與會員們展開一場場的直接對話，讓他們瞭解轉型成合作社的必要性，此外，在會員刊物〈生活新報〉上，也不斷強調消費合作社的觀念。

在這裡我們必須先回顧一下，當時日本社會對消費合作社的認知狀況。對一般的日本人來說，消費合作社雖是耳熟能詳的名字，但是卻少有人瞭解它眞正的含意。大多數人印象中的合作社，不過就是個能夠買到便宜貨的地方，看起來跟一般的超市沒什麼兩樣。因此可想而知，爲了讓這一千多名會員，瞭解並重新登記加入合作社，確實不是件簡單的工作。

一九六七年十一月，在一群熱心會員，以及認同生活俱樂部理念的文化人共襄盛舉之下，「生活俱樂部消費合作社」的籌備會正式發起。經過籌備會討論的結果，初步決定社員每股出資金額爲一千圓，且未明訂出資的上限，但無論出資的金額多少，任何人在會議中的發言都具有同等效力。接下來，便是邀集會員出資，重新登記成爲合作社社員的重頭戲，沒想到有不少人一聽到得拿出資金來，便急著打退堂鼓，當時因此而退出的會員，至少有三成以上。有時負責邀請入社的義工還不死心，準備舉出共同購買所創造的十五圓牛奶做例子時，對方的回答卻讓人啼笑皆非。有人說：「對不起！我們家的生活還不至於窮到非喝那種便宜的牛奶不可！」更有人擺出高姿態說道：「我們家可是有車階級哩！每個禮拜我們都會開車逛上四、五家超市，便宜的東西多的是！我實在不明白，幹嘛買東西還非得搞什麼出資不可！」

換句話說，雖然已經有生活俱樂部建構的社區基礎，但是爲了轉型成爲合作社，簡直就是一切從零開始，幸好當時的生活俱樂部，在社會上也累積了一定的名聲，而且還有不少認同理念的會員，願意加入邀請入社的義工行列，到了翌年九月，總算達到成立合作社的基本人數——一千名社員，出資總額爲一百九十萬圓。而當時在世田谷區松原附近的建地，大約每坪爲十八萬圓，也就是說所有的資金，只夠用來買十坪土地，還不包括建築物在內。最後大夥兒只好選擇在玉電線松原車站附近，先租下一間七坪大小的店面，店面後方還有一間兩房的公寓，也順便一道租下，每個月的租金合計五萬圓。

這個僅僅七坪的店面，還得用來放牛奶的冷藏庫，結果可用的空間只剩下四坪不到，全部權充堆貨的倉庫，這便是生活俱樂部消費合作社起步時的實況。至於勞動力方面，人手不足的情況更爲嚴重。在尚未成立合作社之前，專職的工作人員只有河野兄弟跟志津子，每天早上大約三、

在葡萄園扶疏的光影下，一群山梨縣的社區媽媽們，正熱烈地討論著豬肉共同購買的可能性！從東京到山梨，從以前到現在，就是這股女性的力量支持著生活俱樂部前進。

四點就得起床，開始準備配送牛奶，接著是一整天的社區推廣與拜訪工作，到了晚上還得安排會議或聯絡相關業務，等到收據整理完畢，會員刊物也印刷就緒之後，已經是深夜了，有時候簡直忙到沒有睡覺的時間，而這麼嚴苛的工作條件，每個月的薪水卻只有一萬圓左右。這也難怪當生活俱樂部消費合作社正式對外招募新人的時候，連個上門詢問的人也沒有。

不過跟人力、物力的窘迫相較起來，社員們的熱情與企盼，卻是生活俱樂部最大的財產。一九六八年十月十八日，生活俱樂部借用世田谷區三軒茶屋的商工會館，作爲舉辦消費合作社成立大會的場所。地點雖然在會館五樓略嫌狹窄的會議廳裡，可是卻擋不住出席者的踴躍！來得慢的人甚至連會議室的大門也擠進不去。此情此景對於岩根來說，的確有種說不出的感動，與會者的熱情與眞誠寫在臉上，這些都是過去在他在社會黨的黨部聚會裡所看不到的！

「才剛走進位於商工中心的合作社成立大會會場，就感到一股迎面而來的熱烈情緒！因爲自己到得比較晚，竟連張空椅子也找不到。只見負責打理會場的主婦們，每個人臉上都神采奕奕！會場處處聽得到孩子的嘻鬧聲，讓人感到非常自在與舒坦，更讓人體會到這就是主婦力量的結合！」

「眼看著女人展現出眞正的力量，自己也不知不覺地興奮起來！所有議題的討論都十分順利，在滿場一致、不絕於耳的如雷掌聲中，合作社這隻小雞終於破殼而出了！雖然還是隻弱不禁風的幼雛，但是此時此刻，內心深處卻彷彿有股堅定的聲音告訴自己，將來一定要把我們自己的消費合作社，培育成一隻堅強壯大的母雞才行！」

在這些社員們寫給會刊的投書中，一字一句都展現出這群娘子軍的雄心壯志，同時也表達了全體創社社員們的心聲，正是這股最原始的感動與熱情，開創出屬於所有生活俱樂部人的豐富的歷史。

# 2

# 「班」預約共同購買的開始

所謂的「班」，
便是在同一個辦公室裡，或是在特定的社區中，
邀集六～十個社員組成班，
以班為共同購買的訂購單位。
這也成為生活俱樂部在組織上最大的特色，
同時也是生活俱樂部由單純的消費者「集體飲用」團體，
轉型為具備社會改革意識的「共同購買」組織的關鍵。

爲了使生活俱樂部順利轉型爲消費合作社，以岩根爲首的伙伴們，曾經不辭辛勞地奔波南北各地，參考各家的經營方式。其中鶴岡生協與橫濱生協的做法，爲生活俱樂部提供了嶄新的視野。鶴岡生協採取的是「班預約共購」的方式，所謂的「班」，便是在同一個辦公室裡，或是在特定的社區中，邀集六～十個社員組成班，以班爲共同購買的訂購單位，如此一來，專職人員透過

與班的接觸，便能夠同時完成六～十戶社員的連繫作業，而貨品的配送也以班為目的地，所以配送的勞務也可減少到五分之一乃至十分之一，至於每戶社員所需的食品或用品，再由個人主動到班取回。透過這種專職人員與社員共同分攤勞務的方式，不但減低了不必要的勞動成本，更實際體現了消費合作社「人人為我，我為人人」的精神，另一方面，藉由組班的過程，也讓原本缺乏交流的社區居民或職場同僚間，增加了互動的機會，因而也產生了現代社會生活之中，不易見到的橫向有機性的聯結。也正由於班活動的成功，使得鶴岡生協在消費合作社領域中，享有「組織的鶴岡」之美名。至於橫濱生協所採取的方式，其實也大同小異，只不過他們另外取了個特別的名字，叫做「計劃購買」，其實光從這個名稱，也能看出其有意鼓勵社員，採取自主性、計劃性消費的企圖。

除了配送業務的簡化之外，對於資金嚴重缺乏的生活俱樂部來說，不需要太大倉儲空間的預約共購方式，的確也減輕其硬體投資上的壓力。在預先取得社員訂單的情況下，對於倉儲控管的人而言，相對上也爭取了若干緩衝與調整的時間，如果到達一定的進貨規模，同時與生產者取得共識的話，在絕對理想的情況下，甚至還能夠達成零庫存的目標，也就是說，隔天要送出的貨品，只要在前一天送進倉庫即可，如此一來，無論是保存食物的冷藏、冷凍設備，或是倉庫本身的儲存空間，都能夠壓縮到最低的程度。面對當時已然進入「流通革命」時代的日本社會，大型超商有如雨後春筍般出現的環境，在商品開發經驗、資本財力及業務拓展力量方面，都遠遜於大

製作活潑精美的共同購買月曆，是每位生活俱樂部社員安排預約訂購行動的最佳依據。

型連鎖物流業者的情況下，班預約共同購買似乎成爲生活俱樂部唯一的選擇。

於是乎，「班預約共購」便在合作社的籌備會成立後正式上路，事實上，這後來也成爲生活俱樂部在組織上最大的特色，同時也是生活俱樂部由單純的消費者「集體飲用」團體，轉型爲具備社會改革意識的「共同購買」組織的關鍵。不過就組織營運的角度而言，這種獨特的制度或許有其理想性，然而對社員們來說，無疑又增加了額外的工作，原本只要坐在家裡等人把東西送上門，如今卻得自己把訂購的貨品帶回家，而且臨時缺少一瓶醬油或一罐醋，也非得等到固定的時間，才能夠下單選訂。這個突如其來的變化，讓許多原本有意加入合作社的會員臨場退卻，甚至有兩成左右的會員因而選擇退出。

不過大夥兒並未因此而氣餒，反而更積極踏出邀約社員的腳步，儘管有不少會員流失，但是值得振奮的是，有更多人在認同消費合作社的理想的前提下，選擇加入生活俱樂部，這種一消一長的變化，直到一九六八年八月才逐漸穩定下來，也就是最初創社的一千名先鋒社員。

由此可見，班的組織並非一開始就出現，而是在歷經一次次的嘗試錯誤之後，才漸次沉澱下來，成爲生活俱樂部組織後來發展的主幹。今天我們再次回顧這段歷史，可以發現這個決定實有其時代意義，畢竟在那個流通事業快速成長，大型超商、連鎖店快速湧現的時期，甚至連日本消費合作社的龍頭——灘神戶生協，都極力推展大型店舖的當下，依然忠於運動發起的初衷，堅持採取組班共同購買的路線，即使面對百分之二十會員退出的壓力，仍舊不願輕易放棄的自信心，著實值得好好記上一筆。而後來的歷史也證明，到了一九七〇年代後期，大型通路的擴展趨勢終於減緩，因爲消費者開始懷疑，爲了享受一時的方便與價格優惠，承受潛在的健康危機是否值得？從這一點來看，生活俱樂部的成功並非偶然，而是踏踏實實地走在時代前端的開拓者。

# 3

# 消費材VS商品

經過「天然釀造味噌」與「本釀造酒」等產品的開發過程，生活俱樂部的社員們開始意識到，在消費者所需要的「食品」，與生產者所製造的「商品」之間，確實存在著一道難以跨越的鴻溝。為了對應生產廠商的「商品」邏輯，生活俱樂部於是大聲提出「消費材」的觀念，強調使用者有權利要求真正符合自己需要的食品和消費品，於是乎「消費材」的概念就這麼自然而然地誕生了，這同時也是生活俱樂部開始建構獨特生活哲學的第一步。

自從一九六八年底合作社上路之後，生活俱樂部的發展便進入一個全新的階段。然而有一點始終未曾改變，就是生活俱樂部消費合作社仍舊是一個百分之百的「素人團體」。

不管是被選爲理事主席的岩根邦雄，或是負責總務、組織等業務的專職人員及理事們，所有人都沒有所謂「專業」或「專家」的背景，例如當時首先接下會計工作的榎本小姐，原本只是義務協助整理收據的會員，後來因爲工作量增加，才在志津子的邀請下轉爲專職，但是她卻連基本的簿記也一概不知，而且也沒有學習的對象，一切都得靠自己摸索，這股無形的工作壓力，讓她幾乎每個星期都得躲在家裡大哭一次。不過其他伙伴們也不好過，由於在經營合作社的這條道路上，所有人都是新手，在剛開始的那段期間，每個人不是捧著參考資料猛K，就是搜索枯腸地思考解決之道，然而或許正因爲他們這股「外行人」的衝勁，使得這個組織永遠有用不完的創意，許多看在專家們眼中，絕對不可能的「常識」，卻在他們的手中完成，就讓我們舉幾個實例吧！

味噌在日本人的飲食生活中，可說是最具代表性的傳統食品，其地位跟台灣的菜脯、韓國的泡菜差不

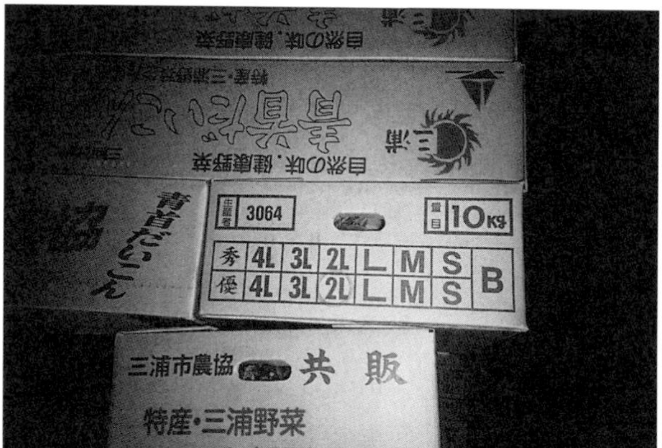


透過「優」、「秀」、「良」的等級區分，以及多達6、7級的大小選別，農產品原有食用的意義已然模糊，換上的是商品化的價值。

多。它的原料大多採用黃豆或小麥，經由一道道釀造手續，由微生物作用發酵而成，由於微生物的活動往往受到各地氣候與風土的影響，因此每個地方、每個家庭所做的味噌都有微妙的差異，是極具地方特色的鄉土食品。過去在農業時代，幾乎每個日本媽媽都有一手釀味噌的絕活，直到戰後那段苦日子，許多農家仍舊維持在家自製味噌的習慣。

然而在一九五〇年代中期之後，「大量生產，大量消費」的時代潮流澎湃洶湧，不久連味噌這種「媽媽的味道」也岌岌可危，市場上開始出現全國流通的知名品牌，而其中動作最快的是信州(長野縣一帶)的味噌業者。這些大廠所生產的味噌，挾帶著廉價的優勢及大規模的廣告，很快便席捲了各大店頭通路，把各地方的小廠牌打壓得喘不過氣來。但是這種生產線所生產出來的味噌，爲了因應市場銷路的需要，卻利用化學藥劑處理來取代微生物發酵，將製作期間縮短到一個月甚至一個星期，而這種超速成的產品，最大的致命傷便是容易腐壞，而且風味也遠不及手工釀造的味噌，在這種情況下，製造商只好祭出添加防腐劑及化學調味料的補救之道。

事實上，傳統的信州味噌應該是以黃豆及米麴爲原料，經過長時間的自然發酵，使其成爲略帶赤色的模樣。而速成釀造味噌的色澤卻顯得較淡，爲了混淆消費者的視聽，這些不肖業者竟然刻意宣傳其爲特製的「信州白味噌」，更有甚者，居然還故意添加次亞硫酸鈉(俗稱海波)等漂白劑，讓味噌看起來更白一些。

此時透過社員青木陽子的介紹，同樣出身長野的青木生吉來到了生活俱樂部的辦公室。一九

信あり
信州田舎みそ

なみそを

産者青木さんの言葉）

生産者
㈱マルモ青木味噌醤油醸造場

信州田舎みそこうじ
1kg
470円

信州田舎みそこし
1kg
470円

色つやが生きています。一方、人為的に熱を加え、温度を調整して作る温醸造は、風味は天然醸造ものにかなわないものの、品質が安定しているという特長があります。

市販のみそは、ほとんどがこの温醸造。熟成期間は、コストを押さえるため1か月～3か月くらいと短期熟成が多く、風味不足を補うために、化学調味料やだしを添加しているものも多いようです。

天然醸造＋温醸造は絶妙のコンビネーション

みそは、大豆・麹・塩を混合し樽に仕込むという一見単純な製造法ながら、麹原料の違い、原料の配合割合、熟成期間などによって、実に多種多様なみそができあがります。

信州田舎みそは、天然醸造もの(12か月熟成)の持つ優れた風味と、温醸造もの(6か月熟成)の持つ安定した味という利点を生かし、4対6のブレンドで開発された高品質みそです。天然醸造ものは、中国産大豆・国産米・塩を原料に、温醸造ものは、国産大豆・庄内ササニシキ・真塩を原料に作られています。

日本人に欠かせないみそ汁

みそは奈良時代、仏教の伝来とともに中国から、伝わったとされていますが、当時すでに、温暖多湿な日本の風土のなかでつくりだされていたという説もあります。

日本人は稲作民族といわれているものの、誰もが十分に米を食べられるようになったのは戦後のこと。昔から、どんな山奥でも海辺の寒村でも、保存食としてまた貴重なたんぱく源として、食卓にのせられてきたのは、みそでした。

ですから日本人の食生活を長年支えてきたのは、雑穀でありみそだ

市販品は

青木味噌至今仍是內部刊物最樂於介紹的重點生產者之一，現在已由第二代接手。

三三年出生的青木先生是位於長野縣七瀨的MARUMO青木味噌醬油釀造廠的廠主，早在大正年間，青木的父親便開始從事味噌釀造的工作，或許是家學淵源的影響，再加上青木本身愛好藝術的純摯天性，他一直無法接受速成味噌那種近乎欺騙的做法，而希望能夠繼續維持祖傳的天然釀造法，他最大的理想便是，讓緩慢自然發酵的天然釀造味噌再度復活。不消說，當岩根與青木對談之後，果然兩人都有相見恨晚之憾，一方是希望能吃到眞正味噌原味的消費者代表，另一方則是豪氣萬千，企圖重振傳統味噌雄風的生產者，兩個人當天便決定進行實際合作的洽談。

後來在社員試吃比較之後，的確認爲青木的天然釀造味噌，有種市售品牌無法比擬

的風味，雙方便決定正式合作。不過當時生活俱樂部才剛起步不久，集結的購買力量十分有限，如果完全生產天然釀造的產品，恐怕將影響青木其他的銷售管道，畢竟經過十多年廣告宣傳洗腦之後，大多數消費者已經習慣便宜又有名的速成味噌，誰也不願意買又貴又沒有名氣的紅色味噌。最後在雙方折衝之下，終於達成折衷協定，由青木釀造廠生產四～六個月熟成的準天然釀造產品，而生活俱樂部則負責向社員說明，這是得來不易的味噌，必須由全體社員全力支持，才能夠幫助有心的生產者繼續走下去。

此外，清酒的開發過程，也是另一個典型的例子。熟悉日本酒的朋友都知道，關西的灘跟伏見是清酒最著名的產地，但是到了大量生產的時代之後，全國流通的名牌酒商為了擴大銷售量，竟然到全國各地，一桶一桶地蒐購大小酒廠的產品，然後統一混拌融合，並且擅自添加酒精或糖分，最後再以「辛口」或「甘口」等口味出售，也就是所謂的「加工酒」。對於喜好杯中物的識途老馬而言，這種人工調整的清酒，根本就是含有酒精的人造飲料，跟天然釀造的清酒，其相去不可以道里計。

更嚴重的是，不管到哪裡的酒品零售店，消費者都可以買到標示為「灘」或「伏見」的清酒，這種情況有點類似台灣的消費者，到處都能夠買到濁水米或池上米的情形，至於實際的內容物，那可就誰也搞不清楚了。不過這麼說似乎也有些過分，其實這種「掛羊頭，賣狗肉」的問題，主管釀酒的政府單位十分清楚，但是囿於酒類買賣是國家重要的稅收來源，各大酒商與國稅局的關係良好，更是不在話下，因此即使少數較有良心的官員，明明知道釀酒業任意添加酒精與糖類的事實，卻沒有人甘冒減少國稅的大不韙，揭發這種半公開的秘密。

所幸在生活俱樂部發起成立合作社後不久，透過橫濱生協的介紹，得知位於福島縣東白川的「東駒酒藏」，仍舊堅持純米釀造的傳統方式，並且透過與橫濱生協合作的方式，將這種眞正的清酒直接賣予識貨的消費者，不過這種做法卻因違反當時釀酒、販酒業界的「常識」，使得「東駒酒藏」受到同業的嚴重排擠，甚至連國稅局也頻頻上門找麻煩。幸好後來包括生活俱樂部在內的數家消費合作社，在認同「東駒」的生產理念下，開始舉辦社員到釀酒現場觀摩的活動，並且進一步展開清酒的「直買運動」。後來藉由深入的學習活動，更發掘出酒類中攙有梆酸的秘密，以及三倍增釀酒等不當手法，最後在生產者與消費者開誠布公的合作下，終於促成「本釀造酒」的出現。

經過這些一而再、再而三的產品開發過程，生活俱樂部的社員們開始意識到，在消費者所需要的

戰後日本曾歷經數度自然有機食品的熱潮，但事實證明，唯有能如實反映消費者意見的共同購買運動，才能不受流行影響，歷久不衰。

「食品」，與生產者所製造的「商品」之間，確實存在著一道難以跨越的鴻溝。在大量生產時代來臨之後，廠商爲了因應本身生產能力的提升，往往以擴大市場爲第一要義，而降低價格無疑是爭取顧客的不二法門，但是在消費者對產品幾近無知的情況下，各種生產面的不當手段便應運而生。畢竟對於生產者而言，最重要的是「商品」所具有的「交換價值」，至於產品本身對於消費者的「使用價值」——包括維持健康的營養性及安全性，則逐漸在激烈的市場競爭中，被排除在考量的範圍之外。爲了對應於生產面所衍生出來的這套「商品」邏輯，生活俱樂部決定予以反擊，站在消費者的立場，大聲提出「消費材」的觀念。他們強調，對於依賴食物維生的消費者而言，這些產品有其不可取代的重要性，吃東西的人有權利要求眞正符合自己需求的「食物」，推而廣之，這種道理當然也適用於各種「消費生活」中的必要「材料」，於是乎，「消費材」的概念就這麼自然而然地誕生了，這同時也是生活俱樂部開始建構獨特生活哲學的第

資本主義追求商品價值的思考，也同樣衝擊食品以外的領域，買張新幹線月票，就能住在大阪，到遠在700公里外的東京通勤上班，撇開能源浪費的問題不說，人類究竟在追求什麼樣的生活？(百貨公司上的大幅垂幕，正對過往路人宣傳新幹線月票的好處)

一步。

經過二、三十年來時間的考驗，如今「天然釀造味噌」及「本釀造酒」，早已成為一般市場上優質產品的象徵，廣為日本的消費大眾所接受，倘若沒有生活俱樂部這一群「初生之犢不畏虎」的外行人，勇於說出自己的心聲，勇於打破現狀的精神，或許直到今天，這些都還只是人們口中「不切實際」的夢想罷了。

## 4

# 赤堤配送中心落成

生活俱樂部成立之初，

唯一的據點便是位於松原車站旁，

總面積只有七坪大的倉庫，

每個月得付出五萬圓的租金。

隨著社員人數和共同購買項目的不斷增加，

不到半年時間，倉庫已捉襟見肘，

此時，岩根果決而堅定地下了一個重要賭注——

在赤堤購置近百坪土地，並自行籌資興建兩層樓的配送中心……

從安保鬥爭的時代以來，到社區家庭集體飲用牛奶的時期，直到生活俱樂部正式轉型爲消費合作社，岩根邦雄始終都扮演著重要的推手的角色。在合作社成立之後，他也理所當然地被選爲理事主席，在這個由外行人所組成的團體中，發揮了極爲關鍵的方向指引的功能，因此岩根個人

赤堤配送中心成立之前，生活俱樂部最早的倉庫便在這條電車軌道旁，如今這兒還是寧靜的住宅區。

的行事作風，以及對社會條件變化的判斷等，無一不對生活俱樂部的發展有著重大的影響。一九六九年，生活俱樂部籌資自建第一所赤堤配送中心的經過，可說充分展現出岩根個人強烈的領導風格。

生活俱樂部在成立合作社之初，唯一的據點便是位於松原車站旁，總面積只有七坪大的倉庫，包括內側的辦公室在內，每個月得付出五萬圓的租金。當初選定這個地點的主要原因，只因爲門口正好面對著電車的軌道，隔壁又是作生意的澡堂，每天大清早配送牛奶的噪音，比較不會干擾到附近的鄰居。然而在合作社成立之後，社員的人數不斷成長，共同購買的品目也不斷增加，不到半年的時間，倉庫已有捉襟見肘之感，此時岩根便果斷地做出決定，提出在附近的赤堤購置近百坪土地的計劃，同時自行籌資興建兩層樓的配送中心。

以當時的市價來估算，這塊不到一百坪的土地，至少價值兩千三百萬圓，再加上樓高兩層的配送中心，建設費用至少也要六百萬圓，也就是說，土地跟建築物加起來，這棟新配送中心就得花掉將近三千萬圓的經費。反觀當時生活俱樂部一年的總供給額（意義略等於企業所稱的營業額），不過才五千五百萬圓，而光是爲了建設這所赤堤配送中心，便得耗費一年辛苦所得的半數以上，聽在任何人的耳裡，這都是近乎瘋狂的作法。

首先反彈的是部分社員，大家只覺得這個平常愛吹牛的理事主席，這回又開始說起大話來了！而且爲了籌措配送中心的建設經費，還必須發行合作社債券（總額一千萬圓），爲此在理事會中，岩根提議應由理事擔任連帶保證人，結果竟然有人爲了這個理由，不惜當場辭去理事的職位。此外，也有理事的先生擔心太太的安危，還跑到合作社的辦公室來理論。

另一方面，爲了籌足資金不足的部分，岩根還以理事主席的身分，前往勞動金庫的新宿分行，希望取得融資三千萬的承諾，無奈不管他如何軟硬兼施，對方始終不願點頭。當時代理分行經理所持的理由，不外乎生活俱樂部的年度供給額太低，只有五千五百萬的供貨實力，居然還敢獅子大開口，妄想貸款三千萬圓？站在勞動金庫本身的立場而言，最多只能提供五千五百萬的三分之一的貸款，代理經理斬釘截鐵地如此表示。不過凡事不到最後關頭不願放棄的岩根，仍舊不死心地表示，倘若來年的供給額能夠提高到一億圓，區區三千萬的貸款，不就符合三分之一以下的條件了嗎？可是向來行事保守的銀行人，哪裡聽得進社會運動家這種不自量力的說辭，當場就回絕了這種近乎天方夜譚的提議。

結果，生活俱樂部只從勞動金庫取得了兩千萬的貸款，另外的一千萬則以合作社債券的方式募得，在內外如此充滿緊張關係的情況下，生活俱樂部的第一個自有據點──赤堤配送中心，終於在牛奶共同購買起步後的第五個年頭，一九七〇年的五月正式落成開幕。這個配送中心的啓用，不僅使倉儲的空間驟然增加到二十五坪，更讓才剛誕生兩年，充滿不安與強烈能量的年輕合作社，增加了一個凝聚向心力的所在。或許是內外舉債的沉重壓力，從決定興建赤堤中心開始，無論是職員或社員，都全力投入組織擴展的工作，這股上下一心的如虹士氣，終於不負眾望地反映在當年度的供給額上，一九七〇年度的合作社供給額竟然比前一年成長了三倍，一口氣衝破了一億圓大關，創下了一億兩百一十萬圓的供貨紀錄。

做事一向恩怨分明的岩根，在該年度損益結算後，立刻將勞動金庫當初拒絕貸款的來龍去脈，清清楚楚地紀錄在下年度社員代表大會的議案書中，並且不忘寄一份給勞動金庫，結果不久之後，只見對方慌慌張張地來訪，表示對未應允該貸款案的道歉之意。至於合作社債券的部分，亦在下年度就將所有債權連本帶利清償完畢，而當初上門來大發雷霆的社員的先生，見到這個完全意料之外的結果，也只有不斷躬身作揖表示歉意的份。

這件事情的經驗，給了岩根相當大的啓示。當一件眾人眼中不可能的任務，有朝一日果眞化

如今寬廣的停車場跟鋼筋混凝土的配送倉庫，已經成為各地生活俱樂部的標準配備，對草創期的岩根而言，這簡直是難以想像的夢想。

爲事實，呈現在眾人的眼前時，那種影響的力量可說勝過千言萬語。而這化不可能爲可能的一刻，也正是人們腦中的成見與偏見鬆動的開始，原本自認爲沒有任何能力，缺乏最基本信心的一群家庭主婦，也從赤堤配送中心落成的這件事當中，開始感受到隱藏在自己身上的那股潛力，而這一種自我信心的重建，說它是生活俱樂部所有能量的泉源也不爲過。而後來生活俱樂部的發展，也再度爲這種看法提供有力的佐證，不過短短十年間，原本這群從未踏出家庭的婦女們，竟然接二連三地做出更令世人驚訝的表現，例如創建出日本第一個由市民與酪農合作成立的牛乳工廠，斥資籌建一所又一所的配送中心，這些事業所花費的資金動輒五億十億，可是這些從真槍實彈中鍛練出來的娘子軍，在通過此般相關事業的預算案時，眼睛早已眨都不眨一下。

或許正如同岩根自己所分析的，他是個從來不賭博的人，舉凡賽馬、圍棋、麻將、撲克牌等等，只要是跟輸贏有關的活動，他幾乎從未碰過，但是這並不表示他不喜歡冒險，或者害怕失敗，而是他的心思早已放在更大的事物上。說得貼切一些，推動生活俱樂部的合作運動，便是他窮極一生最大的豪賭，也正因此在一次次的瓶頸與危機中，他才能夠下定決心孤注一擲，從而順利打開新的局面，對於總是缺乏人力與物力資源的社會運動團體而言，這種瞄準理想，堅持到底，絕不認輸的毅力，或許正是唯一致勝的要素。而岩根也靠著這種人格特質，帶領著生活俱樂部走過草創初期篳路藍縷的階段。

5

# 綠消費合作社的成立

橫田克巳原是東急電鐵的員工，
一九七〇年十一月，他和伙伴們決定成立「綠消費合作社籌備委員會」，
獨立展開雞蛋及煤油的共同購買活動。
住在大阪的福澤小姐，
受到橫田的運動理念打動，前來共襄盛舉。
此後無論晴雨，
在東橫線電鐵沿線的社區裡，
都可見到她穿著那雙紅色長靴，
穿梭於巷弄之間分發宣傳單的身影……
橫田改變策略的做法果然奏效，
一九七一年五月，「綠消費合作社」終於正式成立。

現今的神奈川生活俱樂部港北寮，是綠消費合作社早期的起源地，空氣中嗅得出一種東京近郊衛星工業城的氣氛。

除了東京生活俱樂部之外，位於神奈川縣的「綠消費合作社」，可說是生活俱樂部的運動集團中，另一個重要且異質性的組織。

其實綠消費合作社的名稱，今日已不復存在，它在一九七七年改名爲「神奈川生活俱樂部消費合作社」，正式加入生活俱樂部的大家庭。今天生活俱樂部共同購買集團，已經發展到橫跨十五個行政區域，總社員人數超過三十萬的龐大組織，從東京、神奈川、靜岡到北海道，都有其足跡。然而其中與東京生活俱樂部約略同時起步，並成爲共同購買運動擴張到各地的另一個原點，便是位於神奈川縣的綠消費合作社。

推動發起綠消費合作社的橫田克巳，

原是大型私營鐵道公司東急電鐵的員工，同時也是東急鐵道總公司工會的一員。跟岩根類似的是，他同樣經歷過安保鬥爭的歷史洗禮，在反安保的行動失敗之後，他的內心留下了一個大問號——「和平與民主主義的力量如何才能夠戰勝國家權力？」身為工會的主要幹部，橫田繼續積極地投入勞工運動，他認為站在工會的立場，最重要的是以勞工的主體性，參與整個社會的改造事業。在一九六〇年之後，工業生產力突飛猛進的躍升，撼動了整個日本社會，各大私營鐵道公司亦緊急謀求轉型，以企求迎合大眾及社會的新需求。隨著經濟起飛，各行各業無不蓬勃發展，相對也帶動交通運量大幅成長，東急電鐵為了加快乘客購票進站的效率，同時減少增聘售票員的成本，遂決定大量設置自動售票機，卻枉顧年長者或身心障礙者的購票權利。此外，為了提高載客量，也片面決定廢止原有的貨運業務，在那個宅急便（快遞）還沒出現的年代，此舉使許多消費者大感不便。

於是乎橫田便決定集結工會的同志們，群起對抗私營鐵道片面自利的經營合理化行動。奇怪的是，儘管鐵道員工們不斷大聲疾呼，甚至採取罷工等激進手段，卻始終無法獲得乘客——市民們的認同，這一點對橫田而言，可說百思不得其解。自己的所作所為，難道不是為了保護乘客們的權益，提升交通服務的品質嗎？為什麼這個訴求無法獲得消費者的諒解與支持呢？原本罷工的原意在於向企業主施加壓力，結果企業主反倒成了置身事外的第三者，而原來應該利害與共的勞動者與乘客們，卻變成角力擂台上的兩造，這裡頭一定有問題！

私營鐵道對台灣人來說較為陌生，但是在日本卻是司空見慣，這些經營鐵道的財團，通常跟官方保持著良好關係，因此他們往往擁有許多特別的事業優惠，有時當鐵道公司完成一條線路之後，緊接著沿線便興建起許多集合住宅，由於這些都是因應鐵道之便而生的新興住宅區，所以並沒有足以滿足居民生活所需的傳統服務業，舉凡柴米油鹽等日常用品，都只好就近到東急所開設的百貨公司或超市購買，上下班接駁也只能搭乘東急的私營巴士，在這種情況下，鐵道沿線的市民形同居住在由東急所建構的王國中，食衣住行幾乎都必須仰賴東急財團所提供的服務，也因此市民與東急反倒建立起一種唇齒相依的關係。

這也難怪無論橫田跟伙伴們採取什麼行動，都不容易取得市民們的支持與信任。此時，約莫是一九六七年前後，橫田在一次區議員選舉活動中結識了岩根，他所推動的牛奶共同購買活動，的確在思想上帶給橫田不小的衝擊。終日忙於工作的職場勞動者，無論如何小心翼翼，視野與思考方式難免都會越來越侷限於職場內部，相對地也與所在社區漸行漸遠，這一點是許多工會幹部最容易犯的錯誤。面對財團愈來愈懂得安撫、攏絡社區消費者的今天，唯有將運動的格局放大，尋求富有社區意義的工會運動路線，才能夠有效地與財團或企業主抗衡。

面對當時氣勢日見衰疲，只剩下要求調薪功能的工會運動，岩根的提醒深深獲得橫田的共鳴，於是乎他立刻回到工作崗位上，組成生活俱樂部的共同購買職場班，同時還成立一個名為「保衛首都圈行的自由的勞動者・市民集會」，希望藉以建立工會運動與社區生活者運動的連帶感，使勞工成爲在社區亦有所歸屬的成員。爲了重新調整作戰腳步，橫田跟伙伴們決定以剛通車不久的東急田園都市線爲目標，所有人都進駐該線路的沿線社區，開始籌組社區型的共同購買班，希望能以生活俱樂部的共同購買活動，攻破東急所建構的生活網路，於是乎他們便在元住吉車站附近，租下一間四個房間的透天厝，當作社區組織的第一個據點。

當時有一位住在大阪的福澤小姐，原本積極投入關西方面的和平促進運動，後來受到橫田的運動理念打動，決定前來共襄盛舉，擔任共同購買組織的專職人員。此後無論晴雨，在東橫線沿線的社區裡，都可見到她穿著那雙紅色長靴，穿梭於巷弄之間分發宣傳單的身影。不久，改變策略的做法果然奏效，共同購買班的數目快速成長，原本用來臨時囤積貨品的倉儲空間顯然不敷使用，他們只好商借其中一名工會幹部的庭院，搭起一處大約十二坪的中古鐵皮屋，當作臨時倉庫使用。

會員人數很快超過了五百名，一九七〇年十一月，橫田跟伙伴們決定發起成立「綠消費合作社籌備委員

港北寮（生活俱樂部單身職員宿舍）內部一景，筆者曾經在此度過一個月研修的日子。

會」，並且獨立展開雞蛋及煤油的共同購買活動。一九七一年五月，假當地某所中學的體育館，在一百多位主婦社員的祝福聲中，「綠消費合作社」終於正式成立，當時的創社社員爲一千零八名，出資總額則爲一百五十五萬圓。其成立的主要宗旨爲——「日本經濟的高度成長，不僅使通貨膨脹成爲常態，更使消費者物價居高不下……消費者的立場更顯弱勢，從有害食品、不當標示、再販制度、管理及獨佔價格體系，在在都迫使消費者承受不當的對待與剝削……爲了規範物價上漲的腳步，追求物資適當的使用價值，我們不得不依賴自己的力量，透過合理的生產方式，保衛我們自身的權益，這便是消費合作社成立的中心課題……」

雖然這已經是整整三十年前的文字，但是在今天的台灣讀起來，卻仍不免讓人有心有戚戚焉的感慨，眼見東洋鄰國的友人，早已爲了自己的權益奮起，努力至今猶未懈怠，心中忍不住要祝福二〇〇一年六月呱呱墜地的「台灣主婦聯盟生活消費合作社」，衷心期盼她們能爲台灣的消費運動開創出另一個典範，成爲眞正值得我們驕傲的「台灣經驗」。

## 憶當時

榎本芳子（原生活俱樂部連合本部宣傳室職員）

從一件事情起步之初，就得以全程參與，這種經驗在人生當中，應該是相當難能可貴的吧！而我有幸能從生活俱樂部起步以來，就參與合作社的工作，至今仍覺得是件幸福的事。

昭和四十三年（一九六八年）七月左右，岩根先生突然問我，想不想當生活俱樂部的專職人員，在這之前，我只不過是個有空時幫幫忙的會員罷了，可是當這個問題拋來的時候，自己卻毫不猶豫地回答：「沒問題！我早就有這個心理準備！」唯一的理由應該是，那時心中似乎有種預感，如果我錯過這次，恐怕將失去這一生再也沒有機會體驗的事情。

那個時候，我還住在東經堂的集合社區裡，本來是在東急百貨的會計部門上班，後來因為受不了枯燥的計算工作而辭職，結婚之後雖然曾經到平面設計學校上課，但是跟社區裡的鄰居卻少有接觸的機會。後來為了跟左鄰右舍建立更親近的關係，所以想到參加生活俱樂部牛奶配送班的主意。因此自己也跟岩根太太熟識起來，後來她說辦公室裡缺少計算牛奶貨款的人手，於是我便答應幫忙，這也是進入組織成為專職人員的契機。

不久我跟住在同一個社區裡，就讀東大護理學系的宮下小姐熟識，透過定期的會員聚會或討論會，開始建立起社區裡的人際關係。之後生活俱樂部轉型為消費合作社，宮下小姐跟我都成為聯名的發起人，為此我們還到「鶴岡生協」去參觀，受到岩根太太娘家親切的招待。

在合作社起步的初期，領薪水的只有擔任專職的河野照明先生、河野榮次先生和我三個人，每個人的月薪三萬圓，岩根理事長跟岩根太太則是無給職。當時岩根太太因為當選區議員，所以還可以靠那份薪水勉強度日，但是理事長卻毫無收入。我們看長此以往也不是辦法，到了合作社成立的第二年，營運狀況較為好轉之後，遂討論決定提供理事長五萬圓的月薪。

在赤堤的配送中心成立前，我們租的倉庫在松原車站旁，是三層樓公寓的一樓店面，現在好像已經變成了冰果店，面積只有七坪左右，最裡面長方形的房間，就是我們工作的辦公室。印象比較深刻的是，理事長經常會為了工作上的問題大發脾氣，無論過失在誰身上，他生氣的對象永遠只有一個人，那就是岩根太太。有時我們實在覺得太過尷尬，乾脆找個藉口離開辦公室。後來才明白，理事長只敢對百分之百信任自己的人發脾氣，所以岩根太太就成為唯一的代罪羔羊。不過在工作要求嚴格的另一面，有時我們也會發現岩根先生細心體貼的地方。

回到自己的部分，雖然丈夫跟自己的年齡相差不多，但是兩個人對事情的看法卻有極大的落差，反倒是生活俱樂部的伙伴們，跟自己的想法還接近得多。我非常在意自己在歷史中扮演的角色，希望藉由生活俱樂部的工作，活出令人驕傲的生活方式。

（摘錄自《生活俱樂部伴我行》岩根邦雄著）

# 三 「自主營運，自主管理」的時代

多少冠冕堂皇的理想與主義，
一旦回歸到生活的現實面，
就完全走了樣？
口號喊得響亮與漂亮並不足奇，
能夠從實踐的困境中走出一條屬於自己的路，
才是眞英雌、正好漢！

一九七〇年代的石油危機，
打亂了「生活俱樂部」的腳步，
卻也帶來了組織發展的轉機，
從自有產品開發、廢紙回收到豬肉的整頭購買，
這些歐巴桑們不按牌理出招的無窮創意，
以及「自己思考，自主行動」的行動力，
反倒成爲「生活俱樂部」日後最寶貴的資產。

# 1

## 石油危機的衝擊

一九七三年爆發的石油危機，
正是生活俱樂部與其他主流合作社分道揚鑣的關鍵。
在這場「商品荒」之後，
各個大型合作社都積極擴展，
企圖以陳列品項的擴充來挽回消費者；
然而生活俱樂部卻堅持共同購買的方式，
針對每一項生活消費材背後的資本主義生產機制，
進行激進而徹底的批判，
並探討消費材本應呈現的相貌。

一九七三年十月六日，第四次中東戰爭爆發，石油輸出國家組織（OPEC）隨即宣布石油減產百分之五以上，並且表示停止出口石油到支持以色列的國家。波斯灣沿岸六國也宣布將每桶原油價格由三·〇一一美元，調漲到五·一一九美元，同年的年底又調漲到十一·六五一美元，也就是說在短短不到三個月的期間，國際的原油價格便成長了三倍以上，這便是第一次的石油危機。

這場突如其來的能源危機，對日本社會造成了莫大的衝擊。誰都知道日本是個缺乏礦產資源的島國，而戰後日本產業的快速復興，仰賴的正是大量進口的能源，而石油有百分之九十九·七是依靠國外輸入，其中的百分之八十二·六來自於中東地區。

一九七一年八月，美國的尼克森總統公開對全世界宣布了震撼人心的「美元防衛政策」，美國政府決定暫時停止美元與黃金的交換業務。然而日本的金融專家們卻決定維持現行匯率，並繼續開放外匯市場。這項錯誤的決定，導致日本銀行蒙受鉅額的匯兌損失，同時也使市場上的貨幣供給額暴增，爲後來的通貨膨脹埋下了伏筆。一九七三年七月，田中角榮總理提出了「日本列島改造論」，表示將極力解決東京、大阪等大都市與鄉村之間的生活差距，孰料這項目標遠大的計劃，卻成爲土地投機炒作的最大利多。

而一九七三年爆發的石油危機，對這一波儼然成形的通貨膨脹風潮，無疑更是火上加油，光是從七三年十一月到七四年二月間，大盤批發的物價便上漲了百分之二十一，消費者物價也上漲了百分之十二·九。幾乎所有原料、日常用品的價格都全面飆漲，而市民們的瘋狂搶購與商家的囤積行爲，更助長了物價的漲幅。

事實上，這場無預警的石油危機，也一舉震出了日本商業道德與流通過程的潛在問題。包括煤油在內，各項生活用品似乎瞬間從所有的店面與市場上消失。而生活俱樂部這個成立不過數年的年輕合作社，也受到嚴重的波及。當時生活俱樂部主要供應的品項，大多透過「日生協」的管道進貨，然而受到市面上一片缺貨聲的影響，許多共同購買品項也開始開起天窗。儘管生活俱樂部一向採取社員預約訂購的方式，而且也穩定持續地向日生協進貨，但是此時卻同樣吃了閉門羹。更令人無法忍受的是，日生協竟然罔顧生活俱樂部往常的高額進貨量，反而依照各合作社的社員人數，採取齊頭式的分配供貨方式。

不過另一方面，這個危機也凸顯出生活俱樂部社員的決斷與魄力，儘管進貨的數量大幅減少，社員們卻能發揮合作與體諒的精神，在班內自行平均分配。甚至還有班員主動到煤油站排隊，負責為其他班員進行配送工作，令人極為感動。

而當時一般市民們的瘋狂搶購行動，自然成為全國媒體注目的焦點。「日常用品荒帶動搶購風潮！尼崎市超市湧入搶購衛生紙的主婦軍團，八十三歲老嫗不幸重傷！」（一九七三年十一月二日朝日新聞），「搶購的熱潮蔓延至清潔劑、砂糖等項目，北九州一帶甚至連專賣的食鹽也受波及！」（一九七三年十一月十六日朝日新聞）。記者們甚至還直接採訪市民，有位橫濱市的家庭主婦表示，家中只剩下廁所裡的一捲衛生紙，為了節省僅存的寶貴「資源」，只得規定家人小號用十公分，大號用三十公分長的衛生紙。一時間，人心惶惶的氣氛感染了整個社會。

而許多在超市或店面買不到東西的人們，認為只要加入消費合作社，就能夠順利買到所需的

生活在寒冬降雪的北國，那種對能源與食物的匱乏的恐懼，不是生在南國島嶼的台灣人所能體會的。（作者攝於嚴冬的富士山麓）

日用品，因此紛紛加入生活俱樂部，這使得合作社在短期內出現「虛胖」的現象。這些臨時加入的社員，對於合作社的權利義務毫無概念，在十一月份的共同購買訂單上，有些班竟然平均每人購買十盒砂糖，也有八個人的班卻一次訂購二十瓶醬油，完全無視於合作社「穩定供應，計劃消費」的原則。等到市面上的商品供應逐漸恢復正常之後，這群半途殺入的程咬金，又開始以共同購買太過麻煩為由，陸續要求退出合作社。此時留下的卻是被撐大的合作社組織，該如何繼續走下去的嚴肅課題，這也促成日後生活俱樂部運動戰略的重大轉變。

首先便是在各個支部通過「自主營運，自主管理」的方針。由於在石油危機期間，供貨吃緊的情況下，社員們所表現出的主動參與的活力，再加上社員短期間內大量成長的壓力，使生活俱樂部不得不走上重新確認「社員主權」的道路。說得更簡單些，爲了將呈現「虛胖」狀態的合作社，重新導引回持續且健全的發展道路，唯有使所有參與的社員，都共同分擔應有的權利及義務才行。這項以個人的主動性爲前提的「自主營運，自主管理」的發想，在當時日本的社會運動界中，可說是空前大膽的嘗試，在那個「市民權」還停留在紙上空談的時代，生活俱樂部便率先決定，由社員中選出營運委員，組成「支部營運委員會」，負責決議各項組織擴展與營運的議案。而由支部營運委員會中所互選出的常任委員，則負責執行日常的組織擴展與支部營運作業。這個做法曾經遭批評爲「可貴的麻煩」，甚至還引發合作運動內部的思想鬥爭，也是社員大量退社的一項主因。

其次則是脫離日生協的CO—OP商品供應線。由於在石油危機中，受到日生協方面不近情理的對待，使得生活俱樂部決心走出自己的產品供應線，以「品質實在，價格公道」作爲新的消費材自主開發策略。

第三則是尋求生活俱樂部跨縣市聯合總部的創立。爲了增進綠消費合作社與東京、埼玉、千葉等陸續成立之生活俱樂部消費合作社之間的橫向聯繫，以及提升生活俱樂部集團與生產者有機性結合的力量，成立連合會的概念也在此時開始醞釀。

最後則是「無店舖」供貨方式的確立。事實上，究竟該選擇店舖或無店舖的供貨方式，一直是生活俱樂部領導幹部之間爭論的焦點。對於生活俱樂部而言，這個問題已經超越單純合作社事業型態的層次，而是如何改革垂直管理型社會，開創出民主社會的戰略性問題。而石油危機的發生，正好爲此一論爭提供了決定性的因素。在日生協齊頭式平等的供貨方式下，生活俱樂部往往只能取得不到一半的訂貨量，如果是一般的店鋪型合作社，「先下手爲強」成了不變的眞理，然而生活俱樂部的班預約共購方式，卻使得最大多數的社員，能夠分享有限的資源，這一點使「無店鋪」的班共同購買，成爲日後生活俱樂部事業經營的主力。

說得明白些，石油危機正是生活俱樂部與其他主流合作社分道揚鑣的關鍵。在這場「商品荒」之後，諸如「神奈川生協」、「都民生協」等大型合作社，都開始積極擴展，企圖以陳列品項的擴充來挽回消費者，然而生活俱樂部卻堅持共同購買的方式，針對每一項生活消費材背後的資本主義生產機制，進行激進而徹底的批判，並探討消費材本應呈現的相貌。

# ②

# 自有產品的開發

生活俱樂部決心走上獨立開發自有產品的艱苦旅程。

一九七五年終於成功釀造出第一批「以天然釀造法製造」的醬油。

「這讓我想起從前在鄉下吃的傳統醬油！

這才叫真正的醬油！

能夠再嘗到這個味道，簡直太幸福了！」

這是當時世田谷區的社員，在收到完全無添加物的醬油後，由衷吐露的感動之情。

大家心中都有一份相同的感受，

這才是「我們自己的醬油！」

自從生活俱樂部在社區裡推展牛奶的共同購買活動以來，亦陸續增加供應的消費材品項。由於生活俱樂部在轉型爲合作社的翌年，便加入成爲日生協的會員，因此除原有的化妝品等少數項目之外，大多是透過「日生協」所取得的CO–OP商品，例如味素、清潔劑等都是。

當時爲了對抗美式超級市場進軍日本所帶來的流通革命，日生協也努力尋求因應之道，而開發自有的CO–OP商品路線，便是其中一項重要的工作。除了例行的進貨業務之外，生活俱樂部方面也積極參與日生協的商品開發作業。

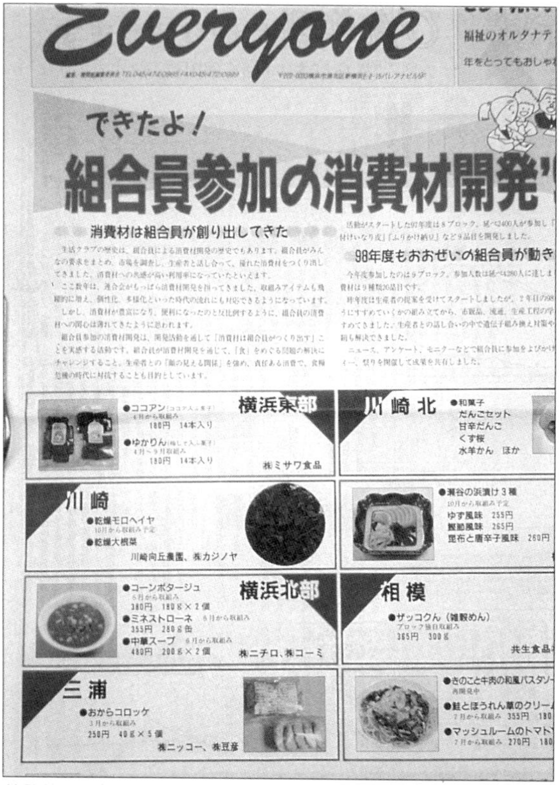

社員共同參與的消費材開發行動，向來便是生活俱樂部標榜的運動精神。（圖中為該年度各支部社員所開發出的新品項）

一九六八年十月，以龜甲萬爲首的眾多中大型醬油廠商，突然一齊宣布調漲醬油的價格，由於龜甲萬在東京地區的市場佔有率高達百分之六十以上，因此醬油的市場價格幾乎完全操控在龜甲萬手中。爲了打破市場遭到壟斷的窘境，日生協便發起「CO–OP醬油」開發專門委員會，岩根理事主席也參與了這個研發團隊。經由針對全國各地的合作社員進行問卷調查的結果，定出了「以天然釀造法製造，絕不添加氨基酸」等七大項的開發原則，並委託僅次於五大品牌的KINOENE醬油廠進行生產。生活俱樂部的社員們不僅在開發過程中，熱烈參與試吃的活動，在後來的幾年之中，更發揮了共同購買單品集結的實力，成為CO—OP醬油最大的進貨單位。

在生活俱樂部以合作社身分重新起步的初期階段，同時也是岩根與伙伴們摸索合作社經營之道的時期。因此CO—OP商品成了他們學習集結購買力量的最佳目標，而CO—OP醬油的開發過程，更讓社員們清楚地瞭解，何謂合作社組織的本質，以及合作事業解決問題的方法。然而突如其來的石油危機，卻徹底暴露出CO—OP商品的弱點，穩定供應社員各項日用品的重要承諾，在一夕之間完全瓦解。儘管生活俱樂部擁有傲人的進貨實績，在這個危急的時刻，卻被迫按照社員人數多寡分配進貨，完全罔顧合作社的公平利用原則。反觀一九七二年由生活俱樂部與MARUMO青木味噌所合力開發的信州味噌，卻在雙方穩固的互信基礎上，連一次缺貨的情形也未發生。這件事給生活俱樂部莫大的啓示，唯有與生產者直接對話，建立起彼此信賴的合作關係，才可能獲得穩定的供給與合理的價格，也才能夠創造出使用者真正滿意的品質。

此時，生活俱樂部決心走上獨立開發自有產品的艱苦旅程。當時一般市售的醬油，絕大多數都是俗稱的新式二號醬油或氨基酸醬油的速釀化學醬油，生產時間可縮短到兩個月左右，由於製造時間短、成本低，因此在市場上大為流行。不過為了彌補速成所導致的易腐與風味喪失的問

TAIHEI醬油廠略顯老舊卻打掃乾淨的廠區一景

題，廠商大多會添加防腐劑或化學調味料來改善。而CO-OP醬油爲了迎合市場上的主流口味，也選擇添加核酸類的調味料，雖然當初生活俱樂部的代表一再要求，去除所有不必要的添加物，但是日生協的主事者卻因爲擔心銷路，始終不願接受這項意見。

在青木味噌的廠主介紹下，千葉縣的TAIHEI醬油廠與生活俱樂部展開第一次的接觸。在全國多達兩、三百家的醬油生產者之中，TAIHEI屬於前五十大的中型廠商，當時負責銷售的伊藤先生曾主動到生活俱樂部拜訪，沒想到業務代表木田與理事主席岩根，都異口同聲堅持要完全無添加的醬油，這在當時的日本可說是前所未有的創舉。伊藤回到公司後，才剛說完生活俱樂部的要求，便遭到同事們連珠砲式的批評，有人甚至連合作社是什麼也搞不清楚。原來完全無添加的醬油，必須依靠高濃度的鹽分，才能壓制住雜菌的孳生，幸好開發室的石塚主任，對於這項近乎不可能的任務，表現出高度的興趣，才如期釀出三瓶樣品，讓伊藤帶到生活俱樂部交差。

木田跟社員們試吃後的感想，覺得醬油的風味雖然不錯，但是口味卻稍微鹹了點。事實上，這也是爲什麼市售的醬油跟CO-OP醬油，必須添加氨基酸跟核酸調味料的原因。幸好在石塚主任的堅持努力下，終於做出鹽分百分之十六．五的醬油，這幾乎已經是最低的臨界點，然而爲了增添醬油溫潤的口感，卻必須延長釀造的時間。生活俱樂部方面提出的條件，是希望至少能靜置十個月以上，這一點又在TAIHEI內部引發議論紛紛。畢竟誰也沒把握，在耗費一年的釀造期之後，這個囉嗦的新客戶會不會依約買下所有的無添加醬油。

一九七四年三月，雙方正式簽訂合作契約。由於TAIHEI原本的生產線只能製造一般的市售醬油，因此連忙發包建造另一套生產設備，一九七五年終於成功釀造出第

來自靜岡與神奈川的社員們，參觀千葉縣TAIHEI醬油工廠的情景。

一批的成品。「這讓我想起從前在鄉下吃的傳統醬油！這才叫眞正的醬油！能夠再嘗到這個味道，簡直太幸福了！」這是當時世田谷區的社員，在收到第一批獨立開發的無添加醬油時，由衷吐露的感動之情。雖然有些社員已經習慣調味醬油的味道，覺得這批醬油的口味較重，但是透過各項社員的學習活動、機關刊物及班會議等，藉由各種調理方法的改進，TAIHEI的醬油終於贏得多數社員的認同。更重要的是，大家的心目中都有一份相同的感受，這才是「我們自己的醬油」。

後來還曾經發生一件感人的插曲。一九七八年，在共同購買的TAIHEI醬油中，竟然發現了未濾除的菌絲。調查之後才發現，原來在最終製品的醬油貯藏槽頂端，凝結的水珠中有菌類孳長，經過生活俱樂部連合本部與工廠方面確認後，確定這是存在於發酵過程中的微生物，對人體不會造成不良的影響。在老祖母自釀醬油的時代，如果發現這種情況，只要味道還未走樣，通常都是用棉布簡單過濾一下，便可以繼續食用。生活俱樂部方面也坦率地向社員公布這件事情，希望大家不必過於介意，至於針對TIAHEI醬油廠方面，生活俱樂部則表示無添加的釀造食品，難免會發生這種意外，但畢竟這是食品，期盼將來能多加留意爲荷。如果依照一般商場的常理，發生這種意外，等於宣判雙方合作關係的死刑，但是這種在不可能之中，創造出新的可能的革命情感，卻使得意外成爲提升合作質量的契機，這可說是生活俱樂部產品開發策略的一大特色。

# 3

# 「工會事件」與退社危機

成立初期投入俱樂部的社員，

大多充滿著社會運動的熱情，

認為：「只要能夠站在運動的第一線上，日子可吃得飽就成了！」，

但另一派卻認為：

「搞運動只不過換來一口飯吃，這樣下去根本不是辦法！」，

這兩派意見的衝突，

在石油危機之後開始浮上檯面。

綠消費合作社是衝突爆發的第一現場，

一個個頭綁紅布條的彪形大漢，

一邊高聲斥罵一邊逼進身旁的感覺，

確實讓許多初任合作社理事的家庭主婦們嚇壞了……

隨著石油危機所帶來的合作社「虛胖」現象，使得原本即極爲吃緊的現場人力，顯得更加捉襟見肘。而這也埋下了專職員工與社員之間衝突的導火線。

神奈川的綠消費合作社是衝突爆發的第一現場。當時綠消費合作社的工作現場，專職人員每天的工作從凌晨三點的牛奶配送開始，而且忙碌了一整天之後，往往晚上還得到各個社區拜訪，或是出席班會議，進行各項組織擴展的任務。在這種日復一日的疲勞轟炸之下，換來的卻是不及外界行情的薪水，這種付出與報償失衡的狀態，任誰都知道非長久之計。

不過在專職人員之間，也同時存在著兩股對立的聲音。成立初期加入的專職員工，大多充滿著社會運動的熱情，因此認爲：「只要能夠站在運動的第一線上，日子可吃得飽就成了！」，而另外一派卻認爲：「搞運動只不過換來一口飯吃，這樣下去根本不是辦法！」，這兩派意見的衝突，在石油危機之後開始浮上檯面。

在能源危機所導致的「商品荒」之中，許多投機的消費者瞬間湧入了合作社，這使得原本勞動力不足的狀況，更有如雪上加霜一般。在惡劣的勞動條件下，現場的工作人員流動十分頻繁，生手加上暴增的業務量，倉庫現場的麻煩糾紛可說從未間斷。訂購的物品未能如時送達，以及配送的數量不足，是社員們最主要的抱怨。

在這種情況下，一九七四年秋天，綠消費合作社內部第一個工會誕生了。同年的十二月，一些自稱鎌倉地區一般工會綠消費合作社支部的專職員工，額頭上綁著紅色的頭帶，闖入社員集會

單調且繁重的配送作業，確實為生活俱樂部的專職人員帶來沉重的壓力。

的會場，引爆了長久以來積壓的不滿與憤怒。當時加入工會的專職人員，以鐮倉與高津兩座配送中心爲主，爲了七四年的年終獎金問題，工會幹部與社員代表之間，展開了第一回合的接觸。熟悉工會運作的朋友便知道，這是工會行使團體協商的合法權利，只不過當時一個個頭綁紅布條的彪形大漢，一邊高聲斥罵一邊逼進身旁的感覺，確實讓許多初任理事的家庭主婦們嚇壞了。

原來早在合作社起步的初期，由於人手不足，諸如貨品的分裝或裝盛煤油等工作，都有社員義務輪流前來幫忙，可是時日一久，這種無償的勞動，卻被後來的專職員工視爲一種干擾，認爲是阻礙勞動條件提升的負面因素。在團體協商的會場上，由於社員們大多對工會的權利一無所知，所以提出的意見，也得不到工會會員的認同，後來甚至還有理事專門爲此去買勞動法相關書籍猛K。

可是對立的情況卻越來越嚴重，儘管社員們不太瞭解工會或勞動法的意義，可是工會幹部們強硬的態度，卻也激起她們的反彈，遲遲不願接受工會的要求。罷工是接下來上場的好戲，牛奶配送的工作被迫中止，理事們只好出面呼籲，希望社員們有力的出力，繼續維持配送的作業，第一天還有不少社員響應，接下來的幾天裡，絕大多數的社員都在工會的壓力下退卻。不久，在某些理事的住家附近，居然貼滿了「打倒綠消費合作社惡質理事某某」的小海報，不久連宣傳車也開始遊街大肆廣播，最後甚至有人恐嚇要對其孩子不利云云，連警方都不得不加緊戒備。

一九七五年五月二十八日，雙方終於在社員代表大會上爆發嚴重衝突，這便是所謂的「工會事件」！這場專職人員的大混戰，震驚了所有出席的社員代表，連前連合會會長折戶進彥也在那場暴力事件中，落得負傷骨折的下場。合作社方面事後立時解雇了七名相關的職員，雖然兩年後雙方達成和解，但是橫田理事主席對此仍舊深感遺憾。畢竟他自己也來自於鐵道工會的勞工運動現場，在他的任期內卻發生這種工會衝突事件，其內心的掙扎可以想見。雖然這次的社員代表大會暴力事件，引起了社員激烈的反彈，在接下來的短短一年之間，竟有高達四千三百位社員退社，這個數字是當時社員總數的百分之四十五，合作社可說受到了瀕臨崩解的重創。然而這也爲生活俱樂部帶來組織再造的契機。

在綠消費合作社成立初期，由於社員們大多是從未參加過合作社的素人，對於合作社的經營一無所知，因此整個合作社可說完全由專職人員主導，他們大多來自於東急電鐵的工會，是一群充滿熱情的理想青年。每當社員代表大會選出理事之後，如何教育這群新生的理事，瞭解何謂合作社，以及綠消費合作社的由來，便成爲專職人員最主要的工作。後來組織的規模逐漸擴大，單純把合作社當作一般職場的員工也多了起來，他們希望能夠享受與其他單位類似的勞動條件，至於運動的成效卻不見得一定放在心上，這也是專職人員內部意見對立的起點。在七五年的暴力事件發生後，無論是留下來的社員或專職人員，都面臨了一個極爲嚴肅的問題——「究竟合作社是誰的組織？」如果這個問題無法徹底解決，誰也無法保證類似的問題不會再度發生。其實，早在七四年的社員代表大會中，社員們便已意識到這個問題，因此在決議中曾經明白表示：「社員在合作社業務的參與上，不應該只是抱持著『幫忙』的心態，而應該以主體的角色擔負部分的業務。」這是「分業與協業」的概念，首次在生活俱樂部裡正式登場。

在暴力衝突發生後，有關合作社內部「分業與協業」的議題，進一步得到社員們的關注與討論，一九七六年社員代表大會議案書上的一段記載，應該就是這個問題最後的結論——「我們綠消費合作社的組織存廢，絕對無法單純仰賴專職人員的勞動，社員亦必須負擔相當程度的勞動業務，這正是我們合作社最大的特色。換句話說，唯有社員與專職人員的共同勞動與作業，才能達到合作社發展的目的，也唯有雙方有自覺的分業，才能夠提升組織營運的整合度。如此一來，合作社才能克服「賣方」與「買方」的悖離，合作社絕對不是販賣「商品」給社員的地方，社員必

如何培養專職人員與社員之間互助的工作模式，一直是生活俱樂部的組織重點。（社員參觀並協助生產者收獲紅蘿蔔的場景）

須找回自身的主體性，同時參與勞動業務，才能名實相副地完成共同購買這項創造性活動！這也是由過去被動的、疏離的消費者立場，轉換爲自主的、確實的持續性消費行動的轉捩點。」

至於專職人員方面，也在這個事件之後，重新摸索勞動的「自主決定，自主管理」的可能性。爲了創造一個新的勞動價值觀，合作社內部成立了「職員評議會」，目的除了改善現場的勞動條件之外，同時也尋求提升勞動品質的方法，另外也展開新進人員的職員教育。在這種雙方都表現善意的情況下，合作社內部的各種「協業體制」也開始嘗試上路，其中「面負責人」制度便是最典型的代表。簡單地說，便是將六十～八十班劃爲一個面，這將近六百戶的配送業務主要由專職人員負責，而送達各班之後的分發作業由社員自行處理，組織業務亦由專職與社員共同分擔，組織活動的主要目標是「提高訂購率，增加新社員，擴大出資額」，而且每個月必須向理事會提出書面報告。

正由於生活俱樂部這種勇於面對問題，不吝自我反省的特質，使其順利度過七五年的大量退社危機，短短不到一年，在全體社員的全力投入之下，再度招募了四千四百位的新社員，甚至還超過原先退出的人數，這也讓社員們更加確信，合作社是屬於全體社員的組織，唯有自己努力，才能保障合作社的生存。一位曾經歷那個時代的社員的說法，或許更能真實地反映她們的心聲：「我實在無法確定，過去我們所做的究竟算不算合作運動？有空的時候開開會，人家拜託的時候，就到說明會或班會議去露個臉……這只不過是口頭上的參加罷了！根本派不上真正的用場！過去無論是『支部的經營』或『組織的擴展』，都在專職人員的安排下行動，如果這些我們都沒辦法獨立作業的話，根本稱不上是個合作人，哪有什麼發言的資格呢？」

④

# 廢紙回收運動

在每個月固定的資源回收日裡，
社員們拿出寫著「資源回收」的旗幟，
有人推著舊的娃娃車，
有人拉著小台車，
就這麼一邊散步，
一邊收集社區裡的廢紙、空瓶、空罐，
同時也一步步推銷她們的理念。

在「自主營運，自主管理」逐漸成爲生活俱樂部內部的社員共識之後，社員們開始積極參與合作社的經營，各種自發性的活動也頻繁起來，社員幹部逐漸累積經營合作組織的經驗，其中「廢紙回收運動」也是一個「主婦社員，在地發聲」的典型例子。

一九七〇年代第一次石油危機發生後，許多民生物資立時成爲市民搶購的對象，衛生紙可說是其中最為搶手的品項。當時日生協所提供的捲筒衛生紙（六十五公尺，四捲），在短短三個月內便由一百圓漲到了兩百圓，其奇貨可居的情形可見一斑。從這種時代背景來判斷，或許大家會以為這是社員們發起「廢紙回收運動」的起因，實則不然！根據當時擔任支部委員長的坪井女士表示，在生活俱樂部的組織活動中，每當支部委員會或專門委員會有所決議時，都必須藉由印行「班通訊」的方式，來通知全體社員，沒想到在石油危機最吃緊的期間，卻連印刷用紙都買不到，這在現在簡直是匪夷所思的事情。

因此這群開始嘗試「自己思考，自己行動」的家庭主婦們，第一個天眞的想法便是，既然買不到印刷用紙，衛生紙又那麼貴，乾脆自己來回收用過的廢紙，拿到紙廠重新利用生產，這樣至少能確保部分用紙的需求。其實在當時的日本社會中，垃圾減量與資源回收的觀念還未出現，所以生活俱樂部的社員們也還沒想到廢紙回收跟垃圾減量之間的關聯，只是單純地想解決自己眼前的問題，更誇張的是，她們連願意承接的造紙廠也沒個譜，總之先做了再說！

雖然是這麼一個不成熟的概念，轉眼間卻收集了四噸的廢紙，不過此時石油危機的風潮已暫時平息，所以大家在討論之後，決定把廢紙兌換成現金。廢紙在現在的日本雖不值錢，當時每公斤卻還能賣到二十八圓，而這筆天外飛來之財，最後決定轉作支部委員會的組織活動費，保谷配送中心也利用這筆錢，添購了各項園遊會所需的道具。這個小小的成功讓大家開心極了，於是乎大夥兒決定繼續在社區裡辦理廢紙回收活動。

不久，在回收廢紙的過程中，這群媽媽們的視野慢慢地延伸開來！她們發現有許多人將看完的舊報紙，跟普通垃圾一起扔掉，她們也開始注意到攙雜在垃圾中的玻璃空瓶，順著這條思路持續向前，垃圾處理的問題終於浮現在她們的腦海中。「究竟這些垃圾是怎麼被處理掉的？」、「我們的稅金就是用來消耗這些可回收的資源嗎？」，一連串的問號湧入腦海，也開始有人意識到，自己對生活中的政治運作近乎無知。

根據參與發起回收活動的社員坪井表示，當時她們所提出的資源回收與垃圾減量，足足超越主流社會的腳步有一、二十年，爲了達到垃圾減量的目的，她們曾經透過請願的方式，希望保谷市政府改變每日收集垃圾的做法，減少收垃圾的次數，使市民接受垃圾減量的觀念。儘管保谷市是日本有名的戰後革新地方自治體，議會向來掌握在偏左的共產黨與社會黨手中，可是反對最力的也是這兩個黨。原來議員們擔心此舉被視爲削減市民服務項目，恐怕會影響下次選舉的得票率，因此請願案雖然送進了議會，延宕一年半之後，終究還是被否決了！

然而這群早已燃起鬥志的女性，卻不願意就此退縮，她們決定以具體的行動來展現自己的意志。首先，保谷支部的垃圾檢討委員會提出改變資源回收的方式，除了原有的廢紙回收系統之外，再加上空瓶、空罐的回收。在每個月固定的資源回收日裡，社員們拿出寫著「資源回收」的旗幟，有人推著舊的娃娃車，有人拉著小台車，就這麼一邊散步，一邊收集社區裡的空瓶、空罐，同時也推銷她們的理念。

下一個階段則是將廢紙回收班組織起來，另外將空瓶罐的回收線獨立出來。在這段社員與專職摸索「分業與協業」的過程中，生活俱樂部的專職人員也展現了高度的配合意願。在每個月回收日的前一天，他們便會將回收箱送到各班的定點，並且幫忙把這些瓶瓶罐罐送回中心。由於保谷的配送中心恰好位於市公所的正前方，因此這群娘子軍在每個月的回收日裡，都不忘大肆聲張，在市府諸公面前上演一齣活生生的行動劇，伴隨著洗滌清點瓶罐的吵雜聲，大聲高呼「乎伊生！抑是乎伊死！」的口號，表示這些垃圾只要善加利用，就是活的資源，一旦送進垃圾場，就是永不得超生的廢物。後來，坪井女士爲此還投入市議員選舉，只爲了將市民的聲音直接傳到議會的殿堂裡，經過數年的議堂折衝之後，保谷市終於展開資源回收的工作。

談起這段與生活俱樂部爲伍的日子，看得出坪井毫不後悔的自信模樣。自從一九七二年參加生活俱樂部以來，她歷任了委員與理事等職，後來甚至還成爲生活俱樂部的第三位代理人（議員），其忙碌之情可想

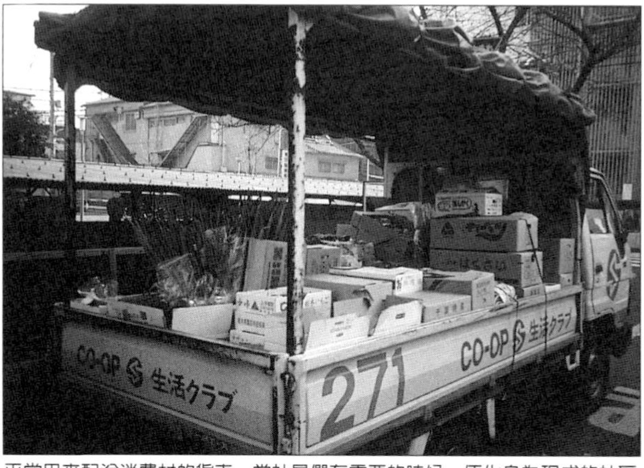


平常用來配送消費材的貨車，當社員們有需要的時候，便化身為現成的社區工作車。

而知。剛開始的時候，往往爲了比老公早五分鐘回到家，從配送中心到家裡的這段路，簡直就是一路狂飆，如果回家發現電燈不幸已經點亮，心裡就開始盤算，今天要用什麼藉口才好。有時坪井先生眞的受不了了，還會出言恐嚇，吵著要到生活俱樂部代她辭退委員的職務，不過這些壓力只是再度證明，她自己對運動這條路的執著程度。後來爲了到國外考察，還曾經有兩個星期不在家的紀錄，日子久了，先生似乎也慢慢習慣了，最後居然還開口說：「你喜歡做什麼就去做吧！看來我已經變成你最想要的——空氣般的存在！」話中雖有些許無奈，卻也是夫婦間的另一種體貼與妥協吧！

## 5

# 豬肉的整頭購買

牧場裡健壯的豬仔卻大大的引起這群城市鄉巴佬新的興趣，「如果能夠吃到這麼健康的豬肉，真不知道有多好！」社員們眼中欽羨的目光，明白地訴說著她們的心聲。

由牧場直接取得最新鮮的豬肉，第一個前提便是豬肉的「整頭購買」！豬肉的「整頭購買」活動，可說是七〇年代生活俱樂部社員創意的最高表現！

一九六〇年代是日本公害與食品污染事件一舉爆發的時代。其中有關食品添加物與防腐劑的問題，更引起廣大日本消費者的注意。一九七〇年代的生活俱樂部，也嘗試和牧場合作，提供無添加物的洋香腸。

當時擔任東京生活俱樂部組織部長的河野榮次特別為了洋香腸的合作問題，啓身前往山形太陽食品的生產現場，同時也順道拜訪提供豬隻的平田牧場，不意這趟山形之行，卻為後來的豬肉共同購買埋下了伏筆。一九七四年五月，在東京生活俱樂部的第六屆社員代表大會上，正式打出「今年最大的課題——實現肉類與加工肉品的產地直銷」的社務方針，為此社員代表還特別組團，在同年夏天前往平田牧場及太陽食品工廠參觀，參加者共計有來自東京方面二十三人，以及綠消費合作社方面的十三人。在參觀的第一天晚上，雙方便為了著色劑亞硝酸鈉的問題，進行了冗長的討論，不過卻遲遲無法得出結論。

然而在參觀過程中，牧場裡健壯的豬仔卻大大的引起這群城市鄉巴佬新的興趣！「如果能夠吃到這麼健康的豬肉，眞不知道有多好！」社員們眼中欽羨的目光，明白地訴說著她們的心聲。日本人原來是個吃魚的民族，食用豬肉的習慣是在江戶時代，經由九州的長崎等地，漸次傳入關東一帶，也就是說，日本人吃豬肉的歷史並不長，江戶時期豬肉還曾經被謔稱為「山鯨肉」，挑剔的人還認為豬是不潔的象徵，因此熟悉豬肉料理方法的人並不多。當時超市賣的豬肉大多是切成薄片的小包裝，使用上雖然方便，品質上卻容易出現參差不齊的問題。當社員們把這個意願向中心轉達時，當時中心的專職正為了洋香腸的冷藏管理問題傷透腦筋，哪有精神再顧及這個燙手山芋，河野榮次跟岩根理事主席都異口同聲表示反對，認為時機還未成熟，合作社的實力也不夠，可是這群早已啓動行動能力的娘子軍，可不會這麼容易打退堂鼓，最後在「由社員負擔全部責任」

的約定下，專職人員也點頭同意配合這項實驗性的計劃。

可是理想與現實之間，總是有著偌大的差距。當時豬肉的市場流通有其繁複的既成管道，想要介入這個領域，由牧場直接取得最新鮮的豬肉，第一個前提便是豬肉的「整頭購買」！也就是說，除了頭、內臟、皮、骨之外的屠體，生活俱樂部都必須一概承購，否則多出來的五花肉或腿肉等部位，將成爲無處可銷的耗損。此外，屠宰後的肉品，該採取切片或塊肉出售，不同的部位該如何訂定價格，都考驗著這群初出茅廬的合作新鮮人。不過有了牛奶的前車之鑑，至少她們學會了第一個步驟，那就是先召開學習聚會，瞭解實際的狀況再說！一九七四年九月，練馬支部的社員們連續舉辦了幾次豬肉常識的學習聚會，參加人數也由四、五十人成長到近百人，她們請來平田牧場的老師傅，爲班員們實際演練並講解豬肉屠宰的過程，順道還討論、教授豬肉的烹調方法。原本有些人只是抱著湊湊熱鬧的心態，可是在現場那種熱切的感染力之下，幾乎所有參加學習會

新鮮冷藏的豬肉至今仍是生活俱樂部社員們的最愛，這是山梨縣某處社區舉辦豬肉品嘗會的場景。

的班員，都表示參與實驗供給計劃的意願。

最後她們做出決議，以每戶每週一公斤爲預估供應量，將豬肉大略分爲「肩胛、五花肉」、「大、小里肌肉」、「腿肉」及「絞肉」等不同部位等級，訂定不同的價格，而且爲了順利消化整頭豬肉，還依部位訂出一定的比例，每個班在訂購的時候，都必須按照部位比例下單，以避免某些部位過剩的後果。由於這項實驗供給計劃係由社員主動發起，因此從收集訂單、統計、接貨、分發各戶訂購量，都必須由社員全權處理，這也是當初社員與專職雙方協調的結論，專職人員唯一負責的是收款業務。事實證明，連看似簡單的訂單統計作業，也讓人攪得一個頭兩個大！根據當時參與實驗的眞田女士表示，剛開始四面八方傳來的訂單擺滿了整個辦公室，她們想到的方法是拎著算盤，一張張地累計追加，可是不管算幾遍，從來沒有兩次的結果一樣，在十二月寒冬的夜晚，

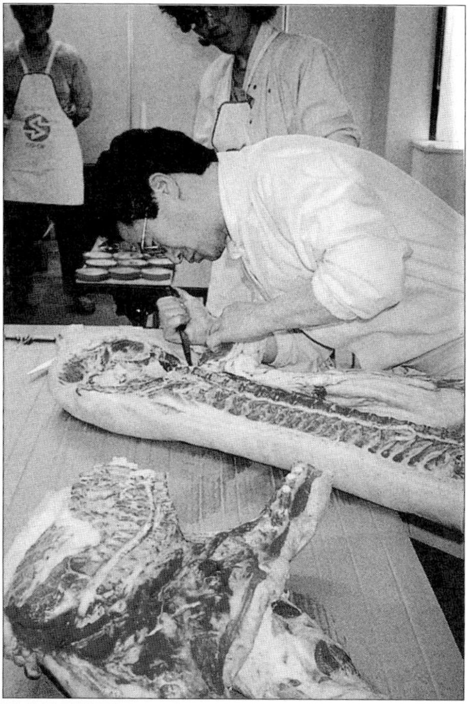

豬肉分解的現場說明會，至今仍是廣為社員歡迎的活動。
（引用自埼玉生活俱樂部《超越時代》）

在社員提供的葡萄園裡，理事長正對社區的主婦們說明生活俱樂部豬肉開發的經過情形。

連原本鋼鐵般的意志也幾乎快被軟化了！後來在專職人員的指導下，才逐漸掌握到作業的技巧，這個插曲也增進了彼此的體諒。

至此還有一個最後的難題，也就是配送的工作。由於當時生活俱樂部並未配備冷藏車，所以配送的工作完全得倚賴太陽食品公司的冷藏車，由於這些外地的司機對於東京的路況完全不熟，而且每週訂購的班又不盡相同，唯一的辦法便是由在地的社員共乘，爲其帶路指引配送地點。這個看似簡單的工作，如果沒有社員們的同心協力，根本無法完成！對於這群平常騎著腳踏車往來於家庭、幼稚園跟市場間的主婦而言，也是項莫大的挑戰！在一九七五年五月發行的一份支部刊物《泉》上頭，一位署名田村禎子的太太，留下了她最眞實的心聲：「每到豬肉配送的前一天晚上，我就開始緊張地睡不著覺！誰叫我這個大路痴竟然答應接下帶路的工作！躺在床上的被窩裡，開始回想消費委員帶我走過的路線，一遍又一遍地在腦海中復習！不過，平常我總覺得自己是個連家事都做不好的人，沒想這次竟然有機會幫助別人，而且還能夠因此讓家人吃到好吃又安全的豬肉，想到這裡就不禁替自己驕傲起來！」

除了社員的熱情與活力之外，專職人員也在背後扮演了重要的推手。當時爲了讓更多社員瞭解這項實驗計劃，河野部長竟然不惜在平田牧場整整住了一個月，從頭開始學習養豬的過程，經過自己消化解讀之後，轉化爲人人易懂的文字說明，製作出生動的共同購買班學習資料。正是這股社員與專職人員齊力奮起的合作精神，才完成這項史無前例的豬肉共同購買活動，而且她們所採用的塊肉規格，後來也爲主流市場所採納，成爲切片肉之外的一大主力。總地來說，這次實驗的成功，可說爲生活俱樂部的「自主營運，自主管理」，下了一個最有力的註腳。

## 憶當時

宇津木朋子（原神奈川生活俱樂部消費合作社理事）

一九七四年秋天，生活俱樂部的專職工會誕生，從年底開始，工會問題所引發的狂風暴雨便彷彿從未停歇。自己所屬的高津支部正好處於暴風雨的正中心，平常大家還會互開玩笑說，理事不過是個輕鬆的職位，可是碰上這種緊張的氣氛，誰也沒有心情再開這種玩笑。連社區裡也被貼上批評的小海報，平常為了合作社事務繁忙，夫妻之間早已存在的心結，現在因為孩子的日常生活受到影響，更是火上加油，鬧得不可開交。

在與工會進行的團體談判過程中，我們所提出的「婦人之見」根本得不到對方的認同。過去自以為在觀念上充分理解的問題，也在這種激烈對峙的場合中，被抨擊得一無是處。當時只覺得自己為何連這麼簡單的問題也不懂，難堪之餘，還特別去買了好幾本有關勞動法的書回來看。

雖然當時自己深切體認到「合作社是我們自己的組織，非得靠自己的力量保護不可！」但是絕大多數高津支部的社員們卻不作如是想。要怪只能怪自己，平常為何不多跟社員們討論這些問題，多多培養社員們愛護合作社的心，事到如今也只能仰天長歎了。

在牛奶配送罷工的期間，我也曾向社員們呼籲，自行負起牛奶配送的責任，第一天雖然有不少人到場響應，可是到了第二天，受到前一天工會成員劇烈反彈的情緒影響，支部的社員們竟然一個也沒出現，到此時……連向來堅強的自己也不禁流下難過的淚水。

我不禁開始懷疑，過去所作所為，真的算得上是合作社的活動嗎？光是口頭上的參加，絕對無法培養出合作社真正的力量！細細反省起來，我也忍不住為自己的表現感到羞愧！不久之後，「工會事件」演變成為翌年社員代表大會上的全武行，綠消費合作社面臨了創設以來最嚴重的危機，幸好理事會當場決定，將七名參與暴力行動的工會成員開除，同時勇敢地面對組織重建的難題，而我也鼓起勇氣，繼續把剩下的任期完成，內心也悄悄地告訴自己，從今以後再也不為這種事情而哭！

（摘錄自《改變生活方式的女性們》宇津木朋子著）

# 四 肥皂運動——拒絕成爲污染環境的劊子手

在面對各種環境污染的問題時，
平凡如你我往往以爲自己是無辜的受害者，
可是在一場社區湖泊的水質保衛戰中，
這些向來強調健康的環保媽媽們，
卻驚覺自己家中的排水口，
竟然是扼殺水中生機的主要兇手！
在確定主要污染來自於家庭廢水中的合成洗潔劑之後，
這群說到做到的娘子軍，
從此掀起一場遍及全國、跨越國界，
「從改變自己生活做起」的轟轟烈烈的肥皂運動！

# 1

# 合成洗潔劑與琵琶湖優養化防止條例

日本最大的內陸湖泊——滋賀縣的琵琶湖，
因為居民所排入的家庭污水，
出現優養化的現象，
元兇就是合成洗潔劑中所含的磷。
環保人士因此展開回收廢食用油製作肥皂的運動，
每個人利用休假時間輪流值班，
負責回收家庭的廢食用油，
一方面減少家庭廢水的污染，
一方面將再生的廢油肥皂取代合成洗潔劑，
達到雙重降低污染的效果，
最後，連政府終也不得不因此通過了「琵琶湖優養化防止條例」。

如果說豬肉的整頭購買，代表生活俱樂部「自主營運，自主管理」階段的完成，那麼延續肥皂運動的精神，到驅逐合成洗潔劑的直接請求運動出現，應該算是生活俱樂部進入下一個階段的開始，也就是脫離單純注重「吃」的問題，而針對現代人的生活進行全盤檢討。

一九五三年，花王公司利用椰子油高壓還原的高級酒精做原料，開發出新的合成洗潔劑，自此以後，各大肥皂廠商紛紛投入這個領域的開發，而且隨著日本石化工業的快速發展，合成洗潔劑的原料國產化的速度可說勢不可擋，加上高度經濟成長的推波助瀾，洗衣機幾乎成爲每個家庭必備的家電用品，能夠溶於冷水中使用的合成洗潔劑便成了家庭主婦們的最愛。然而，不久之後，學界開始注意到合成洗潔劑的污染問題，由於這種俗稱「硬性」的洗潔劑，係以人造的化學物質爲原料，因此難以被微生物分解，隨著家庭廢水排入河川或地下水之後，變成水污染的主因之一。

其實早在一九六〇年代，便有日本學者發表合成洗潔劑有毒害的報告，但是這卻引起廠商的大力反彈，從此正反雙方便展開一場永無止境的辯論。但是政府卻一直未對合成洗潔劑與污染問題進行全面的檢討，依舊任其氾濫在日本各個角落。

最後，終於連日本最大的內陸湖泊——滋賀縣的琵琶湖，也因爲周邊居民所排入的家庭污水，開始出現優養化的現象，元兇就是合成洗潔劑中所含的磷。首先是水中浮游生物的大量繁殖，水質開始惡化，一九七七年更出現了大規模的紅潮，陣陣惡臭令人難以忍受。儘管政府對合成洗潔劑的污染問題始終不願正視，不過部分學者與消費者團體，多年來從未放鬆批判的角度，這當中也包括了日生協與生活俱樂部在內，令人振奮的是，這群「肥皀基本教義派」終於在一九七九年十月，在琵琶湖畔獲得第一場勝利。

在琵琶湖的紅潮事件表面化之後，滋賀縣的環保人士便組成了「拒絕污染琵琶湖消費者之會」，從一九七八年開始進行回收廢食用油製作肥皀的運動，同時還在全縣境內設置據點，由工會會員利用休假時間輪流值班，負責回收家庭的廢食用油，一方面減少家庭廢水的污染，同時以再生的廢油肥皀取代合成洗潔劑，達到雙重降低污染的效果。這個風潮迅速蔓延開來，最後甚至連行政部門也不得不重視，於一九七九年十月通過了「琵琶湖優養化防止條例」，主要內容便是「禁止含磷合成洗潔劑的販售、購買與使用」，由於當時絕大多數合成洗潔劑都以磷作爲促進洗滌效果的助劑，因此這項條例形同合成洗潔劑的「禁用令」，在該條例的制定過程中，滋賀縣的武村正義知事飽受來自日本石鹼洗劑工業會的猛烈抨擊，全國各界媒體對

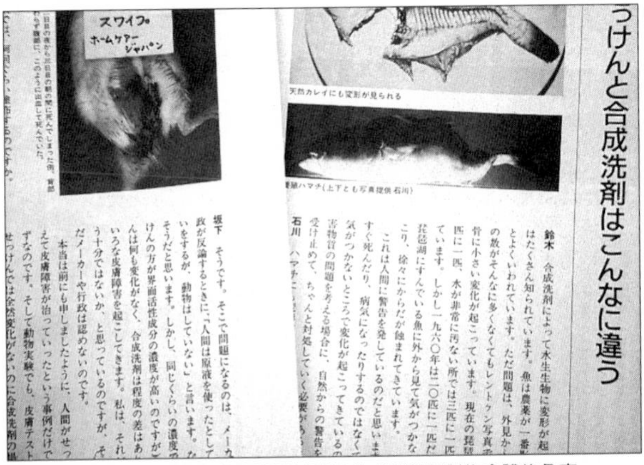


打從1970年代起，便有許多實驗資料顯示合成洗潔劑對生命體的危害。

此無不抱持高度的關切，幸而在多年來反對合成洗潔劑運動的草根力量支持下，終於順利地通過這項著名的「琵琶湖條例」，受到這股風潮的影響，滋賀縣境內拒用合成洗潔劑的人口竟高達百分之七十，可說是前所未有的空前紀錄。

「驅逐合成洗潔劑運動」已經成為生活俱樂部發展史上的一頁傳奇。(圖右下為社員們募集簽名活動的光景)

根據千葉生活俱樂部的池田徹理事主席回憶道，當時這項轟動全國的琵琶湖條例，帶給他兩個重要的啓示，同時也對後來千葉生活俱樂部的運動方向，產生莫大的影響。第一是藉由行政機關所制定的條例，竟然能夠規範環境污染物質的使用與販賣。第二則是透過連續不斷累積的市民運動能量，還是有機會推動行政機關沉重的腳步，達到制定條例的目的，這可說爲市民自治提供了一個新的運動方向。從後來反對合成洗潔劑運動的發展情形來看，生活俱樂部的確接下了「琵琶湖條例」的下一棒，將運動推入了下一個階段。

## 2

# 驅逐合成洗潔劑直接請求運動

此時，生活俱樂部也出現「徹底拒絕合成洗潔劑」的呼聲，媽媽們決定針對社內展開全面的宣傳活動，以東京為例，在每盒合成洗潔劑裡，都擺上一張標題為：「您知道您現在所使用的合成洗潔劑有多危險嗎？」的傳單，神奈川方面的做法更為直接，這些媽媽們乾脆坐上配送車，直接與訂購合成洗潔劑的社員面對面溝通，說服她們改用肥皂洗滌……

令人匪夷所思的是，在廠商的大力宣傳下，這些具有高度滲透性的合成洗潔劑，當時竟然被當作清洗蔬果的最佳用品，直到一九六四年，有關硬性洗潔劑所造成的慢性毒性、皮膚過敏及環境污染等問題，被正式搬上檯面之後，才導致日生協緊急投入開發新型洗潔劑的工作。一九六九年六月，《朝日新聞》發布日本先天異常學會的一則研究報告，證明硬性或中性洗潔劑可能造成白老鼠下一代的畸形，這個消息再度激發人們對於合成洗潔劑的疑慮，甚至有消費者團體開始醞釀反對合成洗潔劑的使用，重新回到天然低污染的肥皂生活，這可說是後來「琵琶湖條例」制定的先聲。

事實上，早在「琵琶湖條例」制定之前，日生協方面便已針對硬性洗潔劑的問題做出反應，並且開發出軟性洗潔劑，以及專用於廚房的高醇系列洗潔劑，生活俱樂部成立之初，也曾經訂購這批日生協自行開發的清潔用品。不過隨著社會各界對合成洗潔劑安全性的質疑不斷升高，生活俱樂部內部也有不少社員對這些日生協的產品產生懷疑，但專職人員卻對合成洗潔劑的高額訂購量有所依戀，結果導致合作社內部「肥皂派」與「洗劑派」的激烈辯論，有些社員甚至因此拂袖而去。

不過在社員的壓力下，後來生活俱樂部還是將肥皂納入供應的品項，而且經過一連串的學習活動，不少社員開始發覺肥皂具有強勁的洗淨力，遠非合成洗潔劑所能比擬，只不過用肥皂洗衣服，往往會留下一些討厭的皂垢或黃斑，但是相對於合成洗潔劑所造成的傷害，大家還是覺得寧可選用肥皂來得安心，因此在各地的支部中，「洗劑消費委員會」有如雨後春筍般紛紛成立。

後來在社員的介紹下，「S.K.石鹼」的倉橋先生與生活俱樂部開始接觸，由於雙方對肥皂的觀念頗爲一致，一九七四年一月，「S.K.石鹼」所生產的肥皂正式成爲生活俱樂部的自有產品之一。各消費委員會也舉辦「S.K.石鹼」的工廠參觀活動，讓社員們親眼瞭解肥皂製作的過程，倉橋對這些事事好奇的社員們也十分佩服，有些人回家之後還會來電詢問，後來成爲北海道生活俱樂部首任理事主席的中野女士，在參觀之後竟還表示要展開「驅逐合成洗潔劑的簽名運動」，向東京都議會提出請願，最後獲得十萬人以上的簽名表示支持。

此時，生活俱樂部內部也出現「徹底拒絕合成洗潔劑」的呼聲，但是橫田理事主席的態度卻有所保留，在七七年八月的《生活

「S.K.石鹼」的倉橋先生正在向社員們展示肥皂的半成品。

與自治》（神奈川版）中的專文，可以看出他的思考脈絡——「肥皂運動在社員之間，明顯地區分為『站在合作社的立場，應立刻中止合成洗潔劑的供應』，以及『在問題的本質尚未釐清，市售的合成洗潔劑仍舊大行其道的情況下，內部片面中止供應合成洗潔劑的意義不大』兩派，其實類似的情況，在生活俱樂部的發展過程中極為常見，但是絕對不能忘記的是，任何問題的解決，都是在運動的過程中，經由連續不斷的具體活動所累積而成。隨著運動發展水平的提高，如何區分主要課題與次要課題的輕重緩急，整合出新的運動課題，可說是尋求解決之道最重要的智慧所在。」

在這種情況下，社員幹部們決定放棄強硬的中止供貨行動，轉而針對社內展開全面的宣傳活動，以東京為例，在每盒合成洗潔劑裡，她們都擺上一張標題為「您知道您現在所使用的合成洗潔劑有多危險嗎？」的傳單，神奈川方面的做法更為直接，這些媽媽們乾脆坐上配送車，直接與訂購合成洗潔劑的社員們面對面溝通，說服她們改用肥皂洗滌。

這次的宣傳行動果然奏效，在社員幹部們不辭辛勞地奔走下，原本高達百分之九十的合成洗潔劑使用量，在七六年秋天到七七年初的短短半年之間，竟然下降到百分之二十，而粉狀肥皂的使用量則躍升至百分之八十，這確實是值得令人驕傲的成績，而生活俱樂部也正式在一九七七年三月與合成洗潔劑訣別。

在這段內部宣傳的期間，除了前述的東京都議會簽名請願活動之外，神奈川方面也以橫濱、川崎、鎌倉等地為主，展開了市議會的簽名請願活動，主要訴求是「禁止合成洗潔劑的製造與販售」。然而遺憾的是，市民們的聲音似乎傳達不到都議員們的耳裡，名義上雖然是獲得「繼續審議」的結果，實際上卻是被硬生生地擺在一旁，對於這些歐巴桑的意見，議員大人們根本不屑一顧。這也激發了生活俱樂部後來推出自己的政治代理人的決心。現任連合會河野會長在七七年八月的《生活與自治》（東京版）上，也清楚地闡明了生活俱樂部未來新的運動方向——「從追求安全優質產品的運動開始，我們認清作爲一個市民應盡的社會責任（拒絕成爲加害者）……這也讓我們瞭解到，生活俱樂部應該在社區裡，扮演一個具備社會責任擔當的團體，而且創造出引領地域社會未來走向的契機。」

一九七九年「琵琶湖條例」的通過，無疑對生活俱樂部肥皀運動帶來新的希望。一九八〇年三月，包括橫濱、川崎在內，神奈川縣內的七個市一齊發起「驅逐合成洗潔劑」的直接請求運動。根據日本地方自治法第七十四條的規定——「擁有普通地方公共團體的議會的議員及首長選舉權者，依據政令之規定，只要取得其總數五十分之一以上之連署，其代表得以向普通地方公共團體的首長，提出制定或改廢條例的請求。」這便是直接請求運動的法源。不過這次總數達二十二萬人的連署直接請求，仍舊遭到各地方議會的否決，只有川崎市答應設置一個「合成洗潔劑審議會」的諮詢組織。

然而這並不代表驅逐合成洗潔劑運動的結束，在這場遍及全縣的連署活動中，生活俱樂部的社員們第一次與政治界有所接觸，除了奔走四方邀集連署之外，在與議會、地方政府及其他相關團體的接洽過程中，也讓她們培養出事在人爲的信心。總的來說，這場直接請求運動留下兩個最重要的問題，第一是使社員們百思不得其解，與市民生活緊密相連的議會或地方政府，爲何無法坦率地聆聽市民的要求？第二則是生活俱樂部運動在社區中，究竟具有多大的意見領導作用？能夠對生活俱樂部的訴求產生共鳴的社區民眾究竟有多少？或許我們可以說，八〇年代以後生活俱樂部的運動路線，便在對於這兩個問題的自問自答中全面展開。

# 3

# 「守護我們的手賀沼！」

在「守護我們的手賀沼！」這句簡單的口號下，
新、舊居民共同展開了挽救自己社區的工作。
男女老少抱著連署的簽名簿，
走進山間或鄉村農舍，
一邊聽著老婆婆的鄉野傳說，
一邊跟她說明請求活動的意義。
結果這場都市與鄉村、外來者與在地人的邂逅，
竟然迸出了燦爛的火花，
連署人數高達四萬五千餘人，
足足超出法定署名人數的七倍之多。

成立於一九七六年的千葉生活俱樂部消費合作社，是首都圈內繼神奈川、埼玉之後誕生的第

四個生活俱樂部新成員。起步後不久，適逢驅逐合成洗潔劑議會請願運動的高潮，因此在千葉的流山市、柏市及我孫子市等地，亦同時展開連署請願的行動。一九八○年，受到神奈川方面驅逐合成洗潔劑直接請求運動的啓發，於同年五月的社員代表大會上，決議通過發起籌組「驅逐合成洗潔劑市民會議」，七月，順利地邀集縣內各生協、漁協、工會及自然保護團體等三十幾個市民組織，聯合組成「守護我們的手賀沼！驅逐合成洗潔劑市民會議」，十月更發起制定「肥皀利用促進對策審議會設置及營運之相關條例」之直接請求連署運動，結果各自治體連署的公民數都高達百分之十～二十，更令人興奮的是，我孫子市議會幾乎照原案通過，流山市也在修改部分條文後通過，這對於在神奈川遭受挫敗的姊妹們而言，無非是個遲來的好消息。

或許因爲這個緣故，千葉生活俱樂部有個令人難忘的暱稱——「肥皀之街」。說到這裡，我們先回顧一下「手賀沼」的歷史，相信能增進大家對於千葉方面運動進展的認識。手賀沼位於千葉縣西北部的東葛地區，是一處廣大的天然沼澤，四面爲流山市、我孫子市、柏市及沼南町所包圍，這個自然的水域，原本是附近居民飲水、洗滌跟捕魚的好所在，孰料近十多年來，隨著首都圈範圍的不斷擴張，越來越多的外來人口遷入這一帶，原來低矮的丘陵被開發成爲大型住宅區，每天高達三十萬噸的生活廢水，順著五條溪流進入手賀沼內。曾幾何時，原本清澈的湖水不再，高度的有機氮、磷累積在沼澤內，各種綠藻與浮游生物大量繁殖，發出陣陣的惡臭，根據環境廳於一九七八年、七九年連續兩年所發表的公共用水域水質檢驗報告，手賀沼竟然高居污染排行榜

在肥皂運動興起後，市民們開始注意到手賀沼與印旛沼的存在，並在湖中立起環境簡介的告示牌。

的第一名，這個消息讓附近的居民大為吃驚，沒想到這個本來大家樂於親近的親水樂園，如今卻淪為全日本污染最嚴重的髒池塘。

不過話說回來，當千葉方面的生活俱樂部社員第一次發起「驅逐合成洗潔劑」運動時，手賀沼的污染問題並未進入她們的腦海中，因為絕大多數參加生活俱樂部的社員，都是因為先生工作的緣故，由全國各地來到東京的外地人，最後為了在此地落戶，才不得不在房價較便宜的千葉購屋定居，大部分社員在此居住的時間還未超過十年。因此縱使她們意識到環境破壞與污染的問題，卻怎麼也無法跟手賀沼聯想在一起，說得更明白些，許多人甚至連近在身旁的手賀沼也沒見過。但世居當地的住民卻有著截然不同的想法，在這些外地人進來之前，手賀沼還是乾乾淨淨的戲水樂園，可是在短短的十餘年間，外來的建商興建了大規模的住宅區，對他們而言，這些大批湧入的新住民，才是造成環境破壞的元兇。不過，「守護我們的手賀沼！」這句簡單的口號，卻在瞬間拉近了雙方的情感，對於新住民來說，這代表她們對於這塊土地的認同，而對於世居當地者而言，這表示新來者有檢討問題的誠意，兩造便在這種善意的氛圍下，展開挽救自己社區的工作。

始於一九八〇年十月的直接請求運動，為手賀沼附近帶來彷若廟會般的熱鬧氣氛，在法定的一個月期間，從三市一町所選出的一千兩百位代表，必須盡力邀集最多數的連署簽名。許多才搬來這裡不久的居民，開始抱著連署的簽名簿，走進山間或鄉村農舍，一邊聽著老婆婆的鄉野傳說，一邊跟她說明請求運動的意義。結果這場都市與鄉村、外來者與在地人的邂逅，竟然迸出了燦爛的火花，連署人數高達四萬五千餘人，足足超出法定署名人數的七倍之多。結果一如前面所述，幾乎每個自治體都採取了正面的接納態度。在這項請求運動推行之前，當地的肥皂使用比率約為百分之十二，而在請求運動結束後，這個數字遂迅速竄升到百分之二十二，不可不說是項難能可貴的成績。但是令人遺憾地，這個數字也是當時至今的最高紀錄，一如琵琶湖條例制定的風潮般，在運動告一段落之後，肥皂的使用率便每下愈況，當然合成洗潔劑推陳出新的各項產品，是不可忽視的影響因素，但是這也證明了直接請求的短期集中型運動，與使用肥皂這種日常持續性的習慣之間，確實存在著亟待彌補的一道鴻溝。

經過戰後四十多年的歲月，日本有高達九成的人民認爲自己是中產階級，也就是說十個人之中有九個人認爲自己「好像蠻幸福的」，因此此時此刻高喊脫離不幸或災難的運動口號似乎已毫無意義，現今日本社會運動的主流，可說不脫以下的兩大訴求：「一、如何能長久維持現在的幸福與安定？」，「二、眼前的一切事實上是不幸的……」，但是透過這個肥皂運動，這群人試圖創造出第三種運動的可能性，那就是每個人的幸福都不應該建築在任何他人的痛苦之上，每個人在面對這種痛苦時，絕對沒有視而不見的權利，這便是肥皂運動最重要的概念。

幸好這時有一道曙光出現了！一九八一年十月，一個名爲「合作社肥皂運動聯絡會」的組織正式成立，這是由全日本三十幾個農協、漁協及生協所共同籌組的團體，目的在於延續琵琶湖條例制定之後的運動生命，其中扮演領導角色的是滋賀縣「湖南生協」。這個聯絡會主要的活動是將家庭所產生的廢棄食用油回收，然後委託肥皂工廠製成廢油再生的粉狀肥皂，當千葉方面的池田理事主席聽到這個消息時，立刻驅車趕往

鍋爐中雪白光亮的廢油再生肥皂，為肥皂運動的下個階段帶來新的啓示。

滋賀縣，參觀負責製作再生肥皂的廠商「MARUDAI石鹼」。根據池田自己的回想，當時他只知道有業者將廢食用油當作製造肥皂的原料之一，但卻從來沒聽過完全用廢食用油做原料的工廠，而且只要利用小型的鍋爐，便能夠做出一定品質的產品。當他見到廢油在倒入一只直徑兩公尺、深兩公尺的黝黑鍋爐中，經過與苛性鈉加熱反應，再與蘇打灰混合粉碎攪拌，靜置數日後再以機器篩成粉狀，便能成爲雪白光亮的肥皂粉時，他的心中已經有了答案——「看來要延續驅逐合成洗潔劑直接請求運動的能量，只有從創建肥皂工廠下手了！」

市民肥皂工廠的理想不僅出現在千葉縣，神奈川縣的川崎市民肥皂工廠也是另一個著名的例子。

# ④ 全國第一個市民肥皂工廠的誕生

平均每兩個月回收車會巡迴一次，

將社區裡「廢油回收點」的廢油帶回肥皂工廠，

作為製皂的原料。

最有趣的是，

每繳回一公升廢油的人，

便能得到相當於二十五圓的肥皂粉。

一九八五年三月，一個名為「手賀沼肥皂」，

月產量可達三十噸的市民肥皂工廠，

終於在社區居民的努力與期待中誕生了，

這同時也是全日本第一個由市民集資成立的廢油肥皂工廠。

一九八二年二月，《朝日新聞》刊出了一則有關「設立肥皂工廠懇談會」的地方消息，斗大

的標題寫著「身心障礙者的肥皀工廠」，而這也正是手賀沼肥皀工廠創設的起點。

召集這次設立肥皀工廠懇談會的主角，包括「千葉生活俱樂部」的池田以及「我孫子市通所福祉作業所」的林先生。原來一九八一年是聯合國明定的國際殘障年，其理想在於達到身心障礙者的「完全參與及平等」，而原本在地域社會中推動驅逐合成洗潔劑的人們，也藉由讓障礙者有機會參與肥皀工廠的創設，使得原來兩股看似不相干的社會力量，在這個接點上相加相乘，達到互相提攜的作用。

透過推廣肥皀使用的活動過程，生活俱樂部的社員們發現到，肥皀運動並非僅僅將日常所使用的清洗用品從合成清潔劑換成肥皀這麼簡單，而是重新檢視自己的生活，進而反省人類與自然之間乃至於人類彼此間的依存共生關係，這才是肥皀運動所具有的本質。因此市民肥皀工廠的提案可說是爲了實現「由生活者的新價值觀出發之生活者親手營造的新社區」理想具體化的第一步。

一九八二年三月，「肥皀工廠建設準備會」正式成立，然而眞正的問題這才開始。從取得用地、募集建廠資金、設計廠房到建立廢油回收的網絡等等，眼前的問題可說遠超過發起團隊的想像，而且原本以爲會產生相乘作用的兩股力量，卻在一開始便出現溝通上的困難，來自生活俱樂部的媽媽們這才發現，原來有些身心障礙者連開會場地都無法自行前往，遑論進行下一階段的會議討論，這些經驗的確帶給她們強烈的文化衝擊。不過並沒有嚇倒她們，反而讓她們產生一定要

筆者在研修期間，在貯藏廢食用油的油槽上，為沒有招牌的肥皂工廠繪上名號。

堅持下去的鬥志，在準備會成立的翌年，部分心急的地區甚至已自行展開廢油回收的工作，另有一批人則前往MARUDAI石鹼參觀製作過程，在短短不到一年的期間內，甚至連工廠的草圖都已經出爐。

事實上，以篳路藍縷來形容肥皂工廠的創建之路絕不誇張，在準備會成立的前兩年，光是工廠用地的取得便讓人傷透腦筋，雖然透過眾家媒體的報導，有不少人主動上門表示願意提供土地，但是工廠的設置非比一般基金會或辦公室，必須位於工業區或準工業區內的土地才行。幾乎就在大家瀕臨放棄的邊緣時，突然有人找到一塊一百五十坪的工業用地，這時距離準備會起步已將近兩年，這個突如其來的好消息，再次振奮了大夥兒低迷的士氣。

工廠的建設資金預估需要兩千萬圓，機械設備的投資也需要一千萬，要在短時間內籌措這麼一大筆費用，若非生活俱樂部在社區裡已打下紮實的組織根基，恐怕是難上加難。爲了籌集建廠的費用，同時建立將來肥皀工廠營運的主體，準備會在歷經一次又一次的討論之後，終於在一九八四年七月成立了「肥皀工廠共有者的會」。

「共有者的會」的主要任務包括——建廠資金的募集、廢油回收、肥皀的銷售及推廣等。首先生活俱樂部便以法人捐款的方式，拋磚引玉地擲出了一千萬圓，其餘則以市民集資的方式募款，由於當時正值商業法修法，原本每股五百圓的規定增加爲五萬圓，如此一來對於不少小額出資者的確是個困難，後來才決定由複數出資者共同持有一股，這也是「共有者的會」的名稱的由來。經過爲期半年緊鑼密鼓的說明會宣傳之後，好不容易募集到九百五十萬的資金，剩下的部分再由企業、團體贊助會員的方式補足。原來希望將這個由市民出資成立的肥皀工廠，以公益法人的方式成立，但是囿於種種法令的限制，當時只得先以股份公司的名目設立，將來再尋求轉型的機會。

至於推廣肥皀的手段方面，以在社區裡普遍設置「肥皀中心」爲目標，這些「肥皀中心」除了是肥皀的銷售點，同時也是各種肥皀相關資訊的傳播站，另一方面，還在各社區徵募願意擔任「廢油回收點」的民家，工作人員會在這些回收點放置一些十公升的空桶，平均每兩個月回收車會巡迴一次，將這些廢油集中帶回肥皀工廠，而最有趣的是，每繳回一公升的廢油，當事人便能得到相當於二十五圓的肥皂粉。不過，不管在日本或台灣，許多人在推動資源回收運動時常有一個盲點，例如老師在學校鼓勵小朋友做資源回收，可是孩子們卻回家拜託父母買一堆寶特瓶飲料，原因只爲了交出更多的空瓶。肥皂工廠在回收廢油時也會遇到類似的問題，大多數人都會同意廢油應該回收，可是只有極少數的人願意使用廢油再生的肥皂，如此一來徒然造成大量乏人問津的肥皂，工廠也將面臨營運的困境。因此資源的回收與再生製品的利用必須連結成一個有機性的循環，也就是說扔棄可用資源的人同時也必須是使用資源再生製品的人，如此一來才不會產生資源回收與再生製品銷售完全接不上軌的現象。

一九八五年三月，一個名爲「手賀沼肥皂」，月產量可達三十噸的市民肥皂工廠，終於在各方矚目中誕生了，這同時也是全日本第一個由市民集資成立的廢油肥皂工廠。儘管如此，接下來「手賀沼肥皂」還是經歷了一連串的風波，包括鍋爐師的猝死、肥皂銷路低迷以及資金枯竭的壓力等等，但是在「共有者的會」

社區裡負責回收廢棄食用油的「廢油回收點」，門口會掛上這種可愛的牌子。

笑容燦爛的工作人員，巡迴各個社區蒐集廢棄的食用油。

成員的同心協力下，不僅在八八年開始發行季刊《肥皀之街》，藉以塡補營運資金的不足，更對生活俱樂部及地方政府大力鼓吹使用肥皀的必要性，最後終於在八九年度轉虧為盈。此外，「手賀沼肥皀」也慢慢獲得行政機關的認同，一九八九年被選任爲農林水產省的「廢食用油回收模範推進事業」的委員，一九九二年還獲得千葉縣政府以環境志工資金的名義，補助整年度三分之一的活動費用。

爲了將手賀沼的經驗繼續向外推廣，一九九二年「手賀沼肥皀」的岩波廠長提出了在千葉成立第二座市民肥皀工廠的計劃——「印旛沼肥皀情報中心」，其特色爲完全由女性工作人員組成，以勞動者自主事業（Workers Collective，簡稱W.Co.，見212

印旛沼肥皂工廠的鍋爐師在專家的指導下，認真地學習操控火候的功夫。

頁)的方式承攬製造到銷售的業務，如今這個眾人原本並不看好的第二工廠，已經安然度過了六個年頭，而且在三名女性成員(若月：廠務行政，山部：鍋爐師，中谷：行銷)的通力合作下，業績扶搖直上，已經成為日本乃至於亞洲地區肥皂運動的明星，其中若月及山部女士還曾經在九九年間造訪台灣的主婦聯盟，為台、日間的肥皂運動交流留下一段見證。

現在這個以廢油再生肥皂為出發點的環保運動，已經從日本飄洋過海，擴散到韓國、外蒙古、馬來西亞及泰國等地，希望台灣在不久的將來，也能夠跟上這波「再生肥皂風」，脫離「用得愈少，洗得愈乾淨」的合成洗潔劑迷思。最後，筆者希望以一段生活俱樂部所提出的「肥皂之街運動」三年計劃中的文字，作爲這一章的結尾：「若問『肥皂之街』代表什麼意思，在我的心中它是如此的『六條街道』——是人類得以與自然共生的街道，是人與人共同成長、擁有横向情感聯繫的街道，是拒絕用後即丟、建築在資源回收觀念上的街道，是在個人自立的前提下、每一個『我』都能夠參與經營的社區街道，是體諒彼此勞動的意涵、推崇勞動價値的街道，也是每個人能夠共同生活、一起勞動的街道。」

幾年之後，印旛沼肥皂的若月與山部女士一行還專程到台灣訪問，與主婦聯盟的朋友們進行交流。

## 憶當時

若月真弓（印旛沼肥皂情報中心W.Co.代表）

一九七五年，或許是成為母親的關係，自己開始注意到食品跟飲水的安全，也因此加入了消費合作社，希望能買到安全的食品。

在合作社的活動中，我也頭一次瞭解到，河川跟沼澤污染的最大原因，竟然是家庭所排放的廢水。當時公害問題是日本最受關注的社會問題，消費者們多多少少都有一種「被害者」意識，自己當然也不例外。可是當我發現到家裡所排出的廢水，竟然也變成河川沼澤環境的「破壞者」、「加害者」時，那種震撼實在難以形容。

在我所住的小鎮附近，有一個面積大約有十一平方公里的沼澤——印旛沼，那裡住著許多不同種類的野鳥，是極為難得的自然環境。然而在一九五〇年代之後，這一帶開始迅速都市化，沼澤生態隨著產生劇烈的變化，水質也嚴重惡化。這幾年來，千葉縣的手賀沼已經成為全國湖沼水質檢查的倒數第一名，而印旛沼也不遑多讓，成為榜上的倒數第二名。主要的污染源當然是家庭廢水，因為這一帶多屬新開發的地區，下水道的普及率並不高，大多數的住家只利用簡易淨化槽稍作處理之後，便將污水排入印旛沼。

導致水質惡化的另外一個原因，應該是住宅區的開發，開山闢地的行動使沼澤喪失了自清的能力。在社區開發之前，利根川的溪水源源不絕地流入沼澤內，各地所湧出的浮流泉水，造就了孕育無數生命的印旛沼。現在利根川與印旛沼之間建起了隔離的水閘，周圍山坡地的開發也影響了伏流水的品質，更嚴重的是合成洗潔劑的大量使用，讓沼澤徹底失去了自我潔淨的能力。合成洗潔劑在日本廣為普及的時期，正好也是印旛沼水質惡化的關鍵期，我認為這兩者的關聯絕非偶然。

我們決定先向地方政府要求，取消所有公共設施所使用的合成洗潔劑，改用肥皂洗滌。結果鄰近各市町所發起的請願運動，幾乎全軍覆沒，但是我們卻學到了寶貴的教訓——「自己的城鎮應該自己去改造！」、「雖然速度很慢，但是只要每個人都表達自己的意見，事情還是會改變的。」

不久，手賀沼肥皂工廠完成之後，自己便開始參與家庭廢食用油回收的工作，將蒐集所得的廢油，製成肥皂再分給附近的家庭使用。透過這樣的活動，我們人類才算盡到作為生物界一份子的責任，就像人類也依賴其他的生物存活一般。我們想傳達的是，人類保護自己身邊的環境，正是為其他生物提供一個沒有負擔的生活，不是嗎？

後來在生活俱樂部的委員會中，提出了「繼手賀沼之後建設第二所肥皂工廠」的提案，建設準備會也迅速成立，我也毫不猶豫地加入。一九九四年，在八千名共同出資者的大力贊助之下，印旛沼肥皂情報中心終於順利落成。建設委員中有四人表示願意出任接下來的營運團隊，成立了名為「萼」的W.CO.，後來有一名成員投入政治領域，退出團隊並當選為市議會議員，因此目前包括自己在內，只有三名女性成員。

現在大家都知道資源回收的重要性，像紙類、空瓶、空罐等物資，都已經被納入了回收的管道，但是這並不保證回收的物資都被有效地再利用。因為現在的環境、資源再生教育，都把重點放在「回收」上頭，許多人把「回收」當作是資源再生，自己不禁懷疑有多少人真正關心這些回收資源最後的去處。

至今已經有許多參觀者到過印旛沼肥皂情報中心訪問，如果有機會的話，我們也會帶著Mini Plant（小型肥皂製造機），到社區的園遊會去進行現場表演，對象大多是小學生跟家庭主婦，這也是我們最喜歡的觀眾。

在製作的過程中，幾乎每一個孩子都睜大發亮的雙眼，期待著廢油能變身為肥皂。因為社區的兒童會裡，都會教導他們進行廢棄物回收，所以我也問問看他們知不知道回收的東西最後到哪去了。結果絕大多數的孩子，在知識層面上都相當清楚這些回收資源的來龍去脈。可是當我繼續追問：「那你們家裡有沒有用這些再生的資源啊？」，肯定的回答就極為有限了。

這就是現在資源回收的實態！被回收再造的資源，必須再度回到使用者的手上，資源再生的循環才算真正完成。就這個觀點來看，我們正在進行的廢油肥皂再生利用運動，可說是現成的最佳教材。

自己家裡所排出的廢油，再製成為肥皂之後，自己便能夠重複使用這些資源。而且再生肥皂分解的速度快，不會對環境裡的微生物造成傷害，減少環境的負擔，已經是眾所皆知的道理。參加這個廢油回收系統的家庭，對於環境保護的意識也大幅提高。從廚餘的過濾吸油紙的使用，到油污的器皿擦拭後再清洗，這些小小的生活習慣，只要多一個人注意，就能集結成更大的力量去保護我們的環境。

雖然合併淨化槽的普及，以及下水道的整備擴建，是淨化河川沼澤的重要工作，然而每個人對於環境的關心與實踐也是不可或缺的必要因素。

找回印旛沼失落已久的清澈湖水，便是我們最大的夢想！也衷心期盼以印旛沼肥皂情報中心為據點，一步一步擴大關心環境問題的人群的網絡。

# 五 生活俱樂部組織秘笈

「民主政治」、「自由社會」乃至於「基本人權」，
這些今日你我耳熟能詳的語彙，
對於我們的祖字輩阿公阿媽來說，
可能是是毫無意義的外星人語言，
但如今卻活生生地出現在我們的生活中！
那是人類文明進展的長河中，
多少先知先覺不惜一切、捍衛眞理所得來的果實，
而今透過柔軟、在地自發的組織活動，
「生活俱樂部」也發展出屬於自己的民主運作模式，
甚至成爲世人矚目及學習的焦點，
期待有那麼一天，
我們台灣人的智慧，
也能成爲挹注世界文明的一股重要的活水源頭。

# 1

## 「班」是整體組織的靈魂

消費者藉由組「班」的方式，
自主性地介入生產到流通之間的過程，
面對「大量生產，大量消費」的資本主義市場邏輯，
消費的一方首次奪回了部分主導權，
不再是受廣告與通路擺佈的「個別」的購物機器人，
這在目前備受企業資本宰制的商品社會中，
可說是一大突破。

自從在一九八〇年ICA(The International Co-operative Alliance，國際合作社同盟)的莫斯科大會上，來自生活俱樂部的代表，在全球的合作人面前，侃侃而談生活俱樂部組織共同購買班的成功經驗之後，班(Han)這個日文單字，便成爲繼柔道(Jyudo)與盆栽(Bonsai)之後，另一個全世界通用的日文名詞。

在生活俱樂部草創初期，爲了提高牛奶的配送效率，在參考其他合作社的做法之後，決定在各社區設定放置牛乳的定點，而這種分發物品的社區據點，也就是共同購買「班」最早的雛形。不過若以其聚集社員的功能來看，在生活俱樂部成立合作社之前，爲了在社區裡販售化妝品，岩根太太也曾經四處舉辦說明會，這與後來的組「班」說明會，也有著不可分割的關聯。另外還有一股促成「班」出現的無形力量，那便是岩根、河野等專職幹部的主觀企圖。對於岩根及他的伙伴來說，在六〇年的安保鬥爭失敗後，他們曾經藉由社會黨的社區組織，試圖在基層建立起長期的政治鬥爭據點，最後卻仍落得失敗的下場。綜觀當時日本的社會狀況，除了保守的町內會跟住宅大樓的自治委員會之外，民眾完全沒有自主參與社區經營的組織，因此，如何在這種縱向嚴密控制的社會中，創造出另一種橫向的、社區的、市民自主組織的意圖，也直接反映在後來出現的「班」上。

「班」不僅是共同購買活動的出發點，也是組成合作社的最基本單位。任何人在加入合作社的同時，也必然歸屬於某個班，換言之，任何個人都必須透過班的形式，才能夠享受合作社社員的權利與義務。在生活俱樂部裡，每個班員都得預估下個月的消費量，然後以「班」爲單位，向共同購買中心提出訂單，而這些來自每個班的訂購量，則經由中心、單位社到連合會彙整，再由連合會向生產者統一訂購，而生產者亦根據這些訂單限量生產。當生產者將各種消費材送達配送中心之後，再由專職人員送到各個社區的班，由班長與班員們分發取回，這便是共同購買最基本的

班長除了有時負責接貨與記帳之外，更是組織與社員之間不可或缺的溝通橋樑。

供應循環。

表面上看起來，這種集體訂購的行為似乎在你我身邊司空見慣，但是要維持一個持續且長期性的集體購買行動，其中可能產生的問題，卻非實際經驗者所不能體會。在每個星期固定的配送日裡，需要有人負責等貨與分發，另外還必須有人負責統計訂購量、收錢、回收包裝材，甚至於清掃班聚會場地等工作！更重要的是班長一職，除了統籌聯絡各班員，定期召開班會議之外，有時還必須出席班長會議，出任支部委員等職務，擔任班員與組織之間意見傳達的管道。原則上，班長須由全體班員輪流出任，因爲班長乃無給職，在專職人員與社員的「分業與協業」的概念下，所有班員都必須分攤組織內部的必要勞務，不過隨著職業婦女的增多，這種輪流擔任班長的方式，也逐漸無法適用。某位東京橘支部的十五人班的班長，便提出了她自己的變通解決之道：「由於班上成員的年齡相差較大，目前是年紀較長的六位，主要負責接貨、召開班會議及整理各類刊物的工作，以每個月輪值一次的方式交替，因爲蔬菜是以班爲單位訂購，所以班內的分發也由這六位分擔，至於年紀較輕的幾位，則負責擔任支部的委員等職，各種大小會議都少不了她們，在這種老少巧妙的搭配下，我們班上的氣氛可說十分融洽！」，另一位新宿地區的班長，則另有其獨特的見解：「打從一開始，我就不想用輪流的方式！我從來不認爲大家都做同樣的工作，就叫做平等，畢竟每個人的負擔能力不同。雖然我覺得該讓更多班員共同參與，但是我不願意採取半強迫的方式。由於我們班上大多住公寓，所以找來找去還是我家最方便！而且孩子還小的班員，我也不忍心叫她們負擔太多工作，到頭來還是我一個人全部擔下了，這是我自己該反省的地方！」

正由於消費者藉由組「班」的方式，自主性地介入生產到流通之間的過程，面對「大量生產，大量消費」的資本主義市場邏輯，消費的一方首次奪回了部分主導權，不再是受廣告與通路擺佈的「個別」的購物機器人，這在目前備受企業資本宰制的商品社會中，可說是一大突破。

在綠消費合作社創立之初，曾經針對「班」的定義，提出如下的描述——「是社員間的活店舖，是處理苦情的第一線，更是共同生活的集合體。從各種解決問題的活動過程中，社員得以更加提升對合作社的向心力，班便是提供這種功能最基本的場所。」由此可見，除了前述的共同購買功能之外，班還負有更高層次的社會機能。由於在班的經營當中，這些媽媽們已經逐漸體認到，爲了得到更安全、便宜的消費材，唯有大家合作分攤班務，並且自主決定班運作的規則，一個班才能夠長期維持下去。事實上，這正是民主精神的體現，這些組織內部的規範，絕非來自於任何外力的強制，而是成員爲了解決自身的問題，透過團體運作的方式，所取得的一種共識結果，這種共識所形成的約束力，其實遠超過任何嚴刑峻法。在各班舉行的例行班會議中，除了處理共同購買的事務之外，主婦們生活上的共同話題，也開始在班內發酵。這些媽媽們第一個關心的焦點，當然是孩子的教育問題，另外還包括托兒所的問題、副業打工的問題、上下學路線的問題跟平交道的安全問題等，這些都如實地反應在當時的組織刊物《生活》、《生活新報》與《聲》上。從其論點來看，無疑是對地方政府的一種陳情，而這也爲後來的政治代理人運動，預先埋下了伏筆。

總的來說，班不僅是合作社的最小購買單位，同時也是市民參與社區與社會的基礎組織。但是爲了創造並

爲協助班長們順利處理班營運的事務，組織部貼心地出版各項資訊交流誌。

維持這種功能，生活俱樂部的專職員工們也承擔了莫大的壓力！在班員們自主營運的前提下，每個班都有不同的個性與要求，如何適當地回應與統籌，可說是一門高深的藝術。事實上，如果從一開始，專職便規範所有班的組織運作，甚至出面代勞的話，班所面臨的各種問題將大幅減少，相對地，專職人員所承受的壓力也消解大半。但是正由於組班這種「可貴的麻煩」，才觸發了都市消費者的能動性，唯有面對問題時，人類與生俱來解決問題的能力才會被啓發，而這種彼此激發與依賴的班員關係，讓人們在孤立與疏離的都市生活中，找回早已被遺忘的人際關懷。

2

# 「單品集結」的力量

「單品集結」徹底否定了「消費者」式的發想，
同時發掘出市民們「不買的權利」，
在全力支持合作生產者的同時，
也以「集體拒買」的行為，
表達對於主流市場的抗議，
進而推動整體社會的改變，
八〇年代風起雲湧的「驅逐合成洗潔劑運動」，
便可說是「單品集結」與「集體拒買」概念的具體呈現，
這可說是生活俱樂部社員們參與社會的另一個切入點。

生長在今天的台灣，只要是年紀在三十歲以上的人，或許都難以忘記，當年超級市場與量販店，第一次出現在你我生活中的那種震撼！走進窗明几淨的寬廣賣場，亮麗光鮮的貨架一字排開，陳列的是包裝精美、琳瑯滿目的各式商品，光是置身其中的那種滿足感，就足以讓人流連忘返。

然而反觀生活俱樂部，在起步的三十多年之後，不但未被激烈轉變的社會所淘汰，而且還能夠擁有如許社會影響力的關鍵之一，竟然是堅持「單品集結」的道路。「單品集結」，簡單地說，也就是「針對維持每個人基本生活所需，不可或缺的各種食品及日常用品，依照一定的標準，選定優良的生產者依照特定方式進行生產，站在生活俱樂部的立場，相同的品項不再提供其他選擇」。

表面上，生活俱樂部的社員似乎因此被限制了「選擇的自由」，但實際上卻是免除了「被設計的選擇」的危機。相對於「單品集結」，最鮮明的對照便是超市與量販店的「種類齊全」，舉個簡單的例子，光是醬油一個品項，在超市的貨架上，依廠商、容量、容器材質、等級及口味的不同，至少便有一、二十種，如果把全國所有醬油廠商所生產的產品，依照這些標準分門別類，其總數可能超過百項以上。以超市的立場來考量，每多進一種商品，便多增加一分倉儲控管的成本，因此儘可能將進貨的種類與數量降到最低，是誰都可以理解的業者心態。但是爲了刺激消費者的購買慾，如何在有限的商品種類與數量之下，創造看似豐富的「種類齊全」的印象，便是超市業者的不傳之秘了！

其實說來簡單，在看似雜亂無章的貨架上，大致分類起來，只有三種商品——第一種是目前最好賣的「暢銷商品」，第二種則是對通路商來說最好賺的「促銷商品」，第三種則是不得不賣的「必銷商品」。通常消費者的行爲都會受到廣告的刺激與誘導，因此眞正賣得好的商品只有一兩個大廠牌，可是爲了營造賣場「種類齊全」的印象，業者不得不同時陳列出上述的三種商品，其中不得不賣的種類，毫無疑問地都放在貨架的最上端，只要看看上頭的生產日期，便能證明此言不虛。而最暢銷與利潤最好的促銷商品，則大多放在貨架上的視線前方，或是收銀台的左右，希望逮住最後一個銷售的機會。因此在看似充滿選擇的偌大賣場中，其實每個消費者都是在「被設計」的過程中。說得更極端些，有些有良心的小廠商，所生產的純天然釀造醬油，基於成本較高以及付不出巨額上架費的限制，根本連主流通路都進不了，消費者哪裡有選擇好產品的機會？

至於「單品集結」，究竟能夠發揮什麼樣的功能，以下的實例應可幫助大家瞭解。號稱日本零售界龍頭的大榮百貨，每年平均的營業額約爲一兆四千億圓，

要凝聚社員們對單品集結的向心力，各式各樣的學習活動與資料絕對不可少。

這個數字約等於全國消費合作社供給額的總和，而生活俱樂部在九〇年代初期的年平均供給額才不過四百億圓。而在販售的品項方面，大榮進貨的種類高達三十萬種，而生活俱樂部的例行供給品項才四百種左右，縱使加上服裝、雜貨、圖書等季節性供應品項，最多不會超過四千種。因此整體而言，誰都看得出來，大榮的總體購買力量遠超過生活俱樂部不知凡幾。

可是從另一個角度來看，在每個品項的平均購買力上，大榮卻遠非生活俱樂部的對手。從以上的數字來計算，大榮每項單品的購買金額爲四百萬圓，而生活俱樂部的單品購買金額卻高達一億圓，兩者間的落差實無庸贅言，這也是生活俱樂部至今仍能維持其社會影響力於不墜的主因之一。

單從「量」的方面著眼，曾經在大榮購買東西的消費者，人數絕對遠勝過生活俱樂部，但是這些出入超市賣場的廣大群眾，卻從未獲得應有的發言地位，也無法保障自身應有的權益，原因在於她(他)們的消費行爲，只不過是一種無意識的「複製」行動，不斷地在腦海中「複製」媒體廣告中的宣傳影像，然後在浩瀚的賣場中，找出這些大廠牌的商品帶回家。而生活俱樂部的社員們，卻透過班、支部等組織會議，討論出她們心目中眞正想要的產品條件，然後藉由與生產者直接溝通的方式，創造出合乎理想的消費材。而「單品集結」則是她們維持與生產者間對話的能力，以及保障生產者應得利益的終極手段。試想，以生活俱樂部僅有的社員人數，如果採用「種類齊全」式的主流銷售概念，不僅消費者再度面臨「被設計」的危險，而且也降低對生產者的影

縮小版的迷你樣品也是招募新社員時的宣傳利器，畢竟東西好不好，用了就知道！

響力，更甚者可能還會影響社員對生活俱樂部的向心力。

對於生活俱樂部而言，選擇購買什麼牌子的產品並不重要，重要的是所買的產品的品質。在生活俱樂部還是個牛乳的集體購買團體時，由於她們對「無調整鮮乳」（指除殺菌外，不作任何人工調整、添加物的鮮乳）的執著，以及不斷追究牛乳品質的學習態度，使得在相同社區內的牛乳零售商，都不得不適度調降售價，以因應生活俱樂部的挑戰，這個插曲正說明了單品集結的影響力。

對於「單品集結」的組織戰，或許有人會覺得太過麻煩！認為只要增加個人的消費知識與能力，便能夠在步步陷阱的超市賣場中，做個「聰明的消費者」！事實上，這也是日本官方所推動的主要方針。面對越來越多的交易糾紛與食品污染事件，官方在無力約束企業界的情況下，只好推出「做個聰明消費者」的迷湯，希望個別的消費者能夠加強保護自身的能力，再輔以設立所謂消保官及消保法等手段，當然這些工具也有其一定的功能，只是在商品生命週期愈來愈短，市售商品日新月異、層出不窮的情況下，這些行政措施往往也淪於亡羊補牢之策。「個別」的消費者無論如何「聰明」，她(他)面對的畢竟是五花八門的商品，而每個生產者則在單一或少數的品項上，投資了經年累月的精力與財力，儘管資訊公開的漂亮口號喊得震天價響，消費者與生產者絕對是處在資訊的不等臂天秤的兩端，在面對眾多「不良」商品的情況下，無論消費者如何聰明絕頂，買到的只是「不良」商品中的稍佳者，或者是在拍賣時佔得一點表面上的便宜，這些都不是根本的解決辦法。

由此看來，生活俱樂部所提出的「單品集結」，可說徹底否定了「消費者」式的發想，同時發掘出市民們「不買的權利」，在全力支持合作生產者的同時，也以「集體拒買」的行爲，表達對於主流市場的抗議，進而推動整體社會的改變，八〇年代風起雲湧的「驅逐合成洗潔劑運動」，便可說是「單品集結」與「集體拒買」概念的具體呈現，這可說是生活俱樂部社員們參與社會的另一個切入點。

3

# 「合作社」出資、營運及利用

一八四四年，在英國羅徹戴爾(Rochdale)的小鎮，
二十八名紡織廠的女工，
為了解決生活上的困難，
便決議每人拿出兩週的薪水，
合起來向農家購買麵粉、砂糖、牛油及蠟燭等民生物資，
最後再由大家平分，
結果讓人十分驚喜，
她們發現這樣能夠省下不少開銷。
於是採取進一步的行動，
每人拿出一英鎊的資金，
組成了「羅徹戴爾公平先鋒社」，
這便是現今「合作社」最早的雛形。

「既然生活俱樂部與企業同樣都有進貨與供貨的行爲，而且也聘雇了許多負責例行業務的專職員工，究竟其與以營利爲目的的公司團體，有什麼樣的不同呢？」事實上，生活俱樂部至今仍被許多日本人認爲是「最具備合作社精神」的合作社，因此在瞭解生活俱樂部的組織特徵時，不能忽略「合作社」這個面向。

提起消費合作社，便不能不從上上個世紀的英國談起。當時產業革命如洪流般席捲英國與歐陸各國，許多農民被迫離家，投入工業生產的第一線，然而勞動人權的觀念，彼時仍不普遍，除了工時長及工資低之外，工人們往往還必須面臨隨時被遣散的命運，勞動者的生活十分艱困。一八四四年，在英國曼徹斯特的近郊，一個名叫羅徹戴爾(Rochdale)的小鎮，有二十八名紡織廠的女工，爲了解決生活上的困難，便決議每人拿出兩週的薪水，然後合起來向農家購買麵粉、砂糖、牛油及蠟燭等民生物資，最後再由大家平分，結果讓人十分驚喜，她們發現這樣能夠省下不少開銷。於是乎決定採取進一步的行動，每人拿出一英鎊的資金，組成了「羅徹戴爾公平先鋒社」(Rochdale Society of Equitable Pioneers)，並租下一處倉庫的二樓，將合資購得的麵粉等物資，以低價提供給工廠的同事，並且訂定幾項經營的基本原則，這便是現今「合作社原則」最早的雛形。

翻開公平先鋒社的合作前輩們在一八五六年所修訂的十四項原則，不得不令人感佩她們的民主素養。除了標榜合作社是一個提升社員社會與經濟水平的組織之外，開宗明義第一條便主張

「公平先鋒社必須儘可能以自有的資金開設店舖」，另外也規定「社員對於選任人員的任命與選舉，須依一人一票的原則」、「盈餘須依訂購金額比例攤還給社員」，這幾項重要的合作原則，一直延續到今天仍未改變。

由此可知，合作社是一個對所有市民開放的民主組織，只要有參與的意願，不受性別、宗教、人種及國籍的限制。但是社員也必須承擔相對的義務，簡單地說，也就是「出資」、「營運」與「利用」，而其中最重要的一項，便是社員的出資，這也是合作社存廢的首要基礎。

這是合作社入門最難的一關，生活俱樂部在創設的過程中，也曾為了推廣這個觀念費心不已。從山梨生活俱樂部機關刊物的創刊號裡，一位名為大羽晴美的班長所寫的文章，可以明顯地感受到社員們剛開始出資時的不安與疑惑──「我們班上有四位班員，從九月開始已經有三位加入累進增資的行列。儘管大家已經開始出資，但是對於這項增資活動將來的結果，以

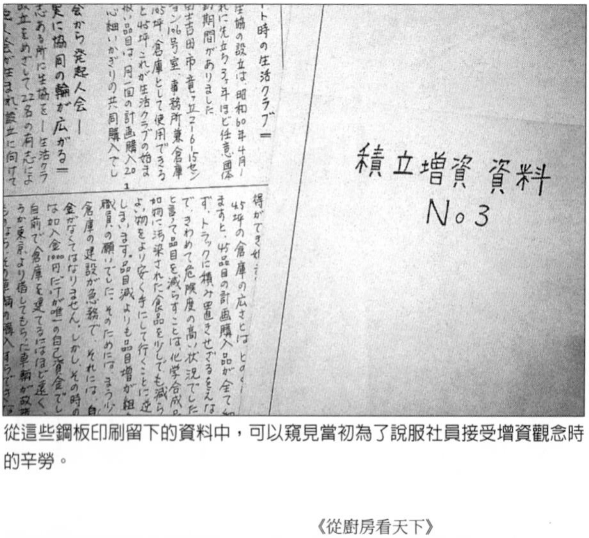

從這些鋼板印刷留下的資料中，可以窺見當初為了說服社員接受增資觀念時的辛勞。

位於甲府配送中心二樓潔淨明亮的中央廚房，正說明了這是一處由女性決策經營的組織，無論舉辦試吃活動或烹飪教室都十分方便。

及增資是否有最終的期限，還有在增資以後，共同購買的品項能否逐漸增加等等，都是懸在內心的問號！」

從表面上來看，同樣是買東西，為何在超市買不需要多付這筆錢，在合作社買卻需要多繳這筆「出資金」？其實這是一個必須鄭重釐清的觀念，當我們從超市的貨架上選取商品，然後走到收銀台付帳，在走出超市大門的那一刻，其實買方與賣方已經完成了「銀貨兩訖」的交易行為。但是合作社的情況則不然！兩者間最明顯的差別在於期末結算時，合作社會將盈餘的部分依照訂購額的比例，對社員們進行「攤還」的作業。由此證明合作社並非提供商品的賣方，其只不過是接受社員們的訂單委託，然後統一向生產者訂購，最後再將生產者所製造的產品，提供給社員們而已！而在代行訂購的過程中，難免會發生一些人事費用或設備支出，這部分再換算成爲一定的金額，追加在進貨價格之上，便成爲合作社的社員供應價格。因此眞正的買賣行爲係發生在合作社本部與生產者之間，而非合作社與社員之間，合作社只不過是眾多社員的代表罷了！既然如此，爲了達成共同購買的目的，合作社所需的各項軟硬體設備，自然須由社員們來購置，而出資金的主要目的，便是用來添購冷藏、冷凍設備、貨車及其他倉庫配備，如此方能建立一個堅固的合作事業基礎。否則在合作社篳路藍縷的起步之初，如還須負擔外部債務的壓力，其非營利的理想恐將受到莫大的挑戰。

爲了使新加入的社員們瞭解這一點，每當生活俱樂部進入一個新的社區或縣份時，都會嚴守自行出資的原則。剛開始供應的品項只有少數幾項不可或缺的食品，等到社員人數逐漸增加之後，再利用在地的出資金添購設備或租用倉庫，等到社員人數繼續成長，達到能夠滿足配送業務所需之最低經濟規模時，才在當地成立自有的配送中心，全面供應包括冷藏、冷凍品在內的消費材。因此在前面那位班長的話語間，才會出現希望供應品項增加的期望，這也是生活俱樂部重要的組織方法之一。

在自行出資的穩定經濟基礎上，社員們才有機會進行下一步的「集結利用量」與「積極參與營運」。前面對於這兩個部分已稍有介紹，藉由「單品集結」的方式，生活俱樂部才得以取得與生產者對話的力量，同時持續開發更安全、價格合理的消費材。而透過社員們的「自主營運，自主管理」，才能夠體現合作社的民主精神，眞正爲身爲主體的社員們帶來社會、經濟等各方面水平的提升。爲了維持合作社長久且穩定的經營，「出資」、「利用」與「營運」三者都是不可偏廢的重點工作，無怪乎生活俱樂部稱之爲合作社的「三大支柱」（神奈川方面稱之爲組織的三角錐體）。

每月發行一次的彩色訂購目錄，使社員們在利用上十分方便。

4

# 源源不絕的社員幹部培育

生活俱樂部這座社區舞台上最閃亮的主角，
要算是這一群婦女社員幹部了。
幾乎在任何一個社員活動的場合，
都能見到她們帶著筆記本跟原子筆，
忽而振筆疾書，忽而靜靜聆聽，
一碰到任何不瞭解的地方，
立刻毫不猶豫地高舉手臂，
追根究底一番。

若說生活俱樂部是一座座由婦女們創建起來的社區舞台，那麼台上最亮眼的主角，應該就是每年選任的社員幹部們。

由於生活俱樂部在七〇年代中期，分別在東京與神奈川兩地歷經「自主營運，自主管理」路線轉換的陣痛，此後社員才正式成爲合作社營運的主力，小至一個班內部遊戲規則的決定，大到整個單位社的運動方針的研擬，都成爲社員們無可推卸的責任。而隨著社員人數的成長與組織的膨脹，選舉代表來負責執行這些工作，也就成了不可避免的現實，因此若說這些每年選出的社員幹部，肩上擔負著引領生活俱樂部不斷向前的重責大任，確實一點也不爲過。

當筆者在生活俱樂部實習的那段日子裡，事實上最受感動的，也是這群社員幹部們無怨無悔的身影。每個人都是全心全意地投入，沒有人會因爲自己不過是個名不見經傳的家庭主婦，便認爲反核運動或資源回收與己無關，更不會自私地只想享受權利而不願克盡義務，幾乎在任何一個

《生活與自治》是創社以來的社内機關報，這個名字可說開門見山地點出生活俱樂部的宗旨。

生活俱樂部的社區試賣活動，掌握每個可能的機會，讓社員們參與其中，感受自己是合作社的一員，是培育社員幹部的重要關鍵。

社員活動的場合，都能見到她們帶著筆記本跟原子筆，忽而靜靜聆聽，忽而振筆疾書，如果有任何不瞭解的地方，更是毫不猶豫地舉手提出質疑。各種耗費精神的繁瑣作業卻也磨練出她們一身的好本領，有時見到她們氣定神閑地坐在主席座上，嫻熟地掌握會議的進行，統整並協調各方不同的意見，心中便不免有種感覺——她們簡直比台灣的立法委員還了不起！

有一次當筆者走進山梨生活俱樂部的配送中心時，牆上幾個斗大的字映入我的眼簾——「源源不絕的社員幹部培訓」，合作社的專務理事告訴我，這便是生活俱樂部長久以來得以維持組織活力的最大秘密，同時也是組織工作的最高指導原則。

記得當時有位社員幹部對我說，自己爲何

會選擇留在生活俱樂部的原因，雖然生活俱樂部的訂購方式稍嫌囉唆，而且又有開不完的會議，但是來到生活俱樂部之後，她才第一次覺得有人願意聆聽她心裡眞正的聲音，在這些社內會議中，她也頭一次嘗到意見受人尊重的感覺，因此才在生活俱樂部的陪伴下，一步步地走了過來。

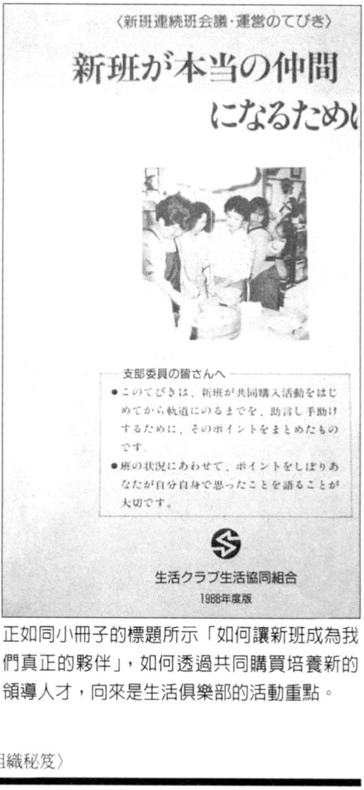

正如同小冊子的標題所示「如何讓新班成為我們真正的夥伴」，如何透過共同購買培養新的領導人才，向來是生活俱樂部的活動重點。

這也是整體社員共通的感受，不管在任何團體中，唯有「自己思考，自己行動」，而且最後「自己負責」，才有可能得到他人的尊重，同時培養出貨眞價實的民主精神。

## 憶當時

高橋和雄（山梨生活俱樂部專務理事）

早在神奈川生活俱樂部還是「綠消費合作社」的時代，我便已加入成為生活俱樂部現場工作的一員。如果沒記錯，綠消費合作社成立的第二年，社員人數便達到了三千名左右。提起綠消費合作社誕生的地點，應該算是新生酪農前常務董事船木先生位於元石川的老家院子裡，那棟臨時搭建的木屋的二樓，只不過說來遺憾，如今船木先生已成為故人。當時合作社營運的所在，距離船木家約為兩、三分鐘的車程。每當有米類等重物進倉時，倉庫粗陋的地板便難逃崩坍的厄運，那時誰也想不到，後來我們竟然能夠擁有鋼筋混凝土建造的配送中心。

當時橫濱市的綠區附近，東急建設、東急不動產正在大肆進行電車路線與集合住宅的開發，這一帶應該是東京近郊的第一個通勤族住宅區。這批格調高雅的新興住宅，不僅吸引了許多大型企業的中高級主管，同時也倍受文化界與學界人士的歡迎。這些新住民在加入成為社員之後，對於合作社的期望也相當高。

當時我們提出的口號是「只要有八到十二個人，便能夠組成一班！」，趁著陸續遷入的居民之間，彼此還沒建立起熟識的關係之前，便連忙在社區裡舉辦共同購買說明會，使居民們能夠藉由組班的行動，與左鄰右舍自然地熟稔起來。同樣身為社區的一員，班員們彼此之間也能互相體諒，採取輪流擔任接貨、計帳的方式，順利地展開共同購買活動。

然而組織班的意義，絕非僅止於追求經濟上的合理性，而同時希望藉由組班所創造出的人際關係，使「班」成為一個知性與文化共育的場所。事實上，合作社的基礎即在於社員之間的關聯性，倘若社員間缺乏良好的互動，合作社將成為一只空殼子。雖說社員的自主營運是生活俱樂部組織的一大特色，不過隨著每年營運委員的替換，合作社的營運風格也會有所不同。

在組班的時候，如果由社區的住民主動表示參加的意願，而且能夠找到幾個志同道合的伙伴，可說是最幸運的模式。而最困難的情況是，在陌生的社區裡一一登門拜訪，尋找有興趣舉辦說明會的人（生活俱樂部的組班活動大多始於社區家庭的個別拜訪），而吃閉門羹的機會往往比想像中來得多。其實原因很簡單，有些人是不希望自己的家居景致曝光，有些則擔心提供說明會的場地，會使自己成為組班後「事必躬親」的管家婆，因此抱持排斥心態者不少。所以在舉辦社區說明會的時候，一定要記得先感謝提供場地的大方的主人，並且詳細說明輪流負擔班務的重要性。

在生活俱樂部確立社員「自主營運」的方針之前，各項社員聚會所需的資料或報告，都由共同購買中心的職員製作。回顧這段過去，這些缺少社員聲音的資料，不知怎地，總是充滿一股騰騰的殺氣，而且形容詞特別多，感覺只不過是將每天的活動，依流水帳的方式紀錄下來罷了！一點都沒有參與者的生命力。

為了使原本處於被動態度的社員們，願意積極投入合作社的經營，無疑需要長期且持續的鼓勵與刺激。畢竟從組班到營運委員的招募，都是由中心的職員一手策劃安排。以我個人的觀點，每個合作社職員都必須具備組織的能力，絕對沒有只負責配送作業的職員。

然而，為了尋找這些願意承擔合作社經營的營運委員，卻對職員的能力與熱情形成一大考驗，有時甚至還引起同儕間的摩擦與衝突。有些社員在不堪中心職員的再三拜託之下，勉強接下營運委員的棒子，事後才發覺有受騙的感覺！這些「人情」委員幾乎都會異口同聲地表示：「我本來都不知道營運委員還有這些工作！」不過幸運的是，似乎並沒有任何委員因此而辭卻職務。根據我自己的推想，或許是因為這些委員們在參與共同購買的過程中，已經逐漸認同生活俱樂部所追求的合作社理想。無論在任何時代，「追求什麼樣的生活？」、「如何完成共同的理想？」都是合作社不可或缺的思想主軸。合作社的創立絕非運動的目的或終點站！我們之所以選擇成立合作社，只是因為其組織型態與工具性，符合我們所追求的理想罷了！

# 六 我是生活者！

從驅逐合成洗潔劑的請求運動中，
這群來自街坊鄰里的三姑六婆，
終於見識到民主殿堂的廬山眞面目，
儘管難以擺脫的政治過敏症仍緊緊糾纏，
眼見山河母土一寸寸死滅，
家鄉故里一日日沉淪，
鼓起「雖千萬人吾往矣」的溫柔勇氣，
她們化身成爲所有母親的代理人，
在新世紀裡掀起女性政治的萬丈波瀾。

# 1

# 政治「代理人」的提案

坐在旁聽席上的她們，

看到了所謂「民主政治」的真相——

有些議員邊聽邊打瞌睡，

有些則交頭接耳不知所云，

市民的請願案根本未經討論便被擱置一旁，

原來這些頂著議員頭銜的男人，

對這種「婆婆媽媽」的生活議題毫無興趣，

只想三兩下打發過去就算了。

這種脫離生活現場的男人觀點，

在日本的議會或行政體系中極為常見，

這樣的事實讓身為「女性」與「市民」的生活俱樂部社員們體認到，

該是素人參政，取得更大的社會發言權的時候了。

「代理人」這個字眼第一次在生活俱樂部裡出現，應該是在一九七七年三月號的《生活與自治》當中，當時擔任理事主席的岩根邦雄，發表了一篇名爲〈把生活俱樂部的代理人送進地方議會〉的呼籲文章。

如同前面所提及，一九七六年正是生活俱樂部的社員們，如火如荼地投入「驅逐合成洗潔劑」議會請願運動的時期。儘管這群媽媽們費盡千辛萬苦，挨家挨戶地登門拜訪，好不容易邀集到十萬名以上市民的連署支持，可是坐在旁聽席上的她們，看到的卻是所謂「民主政治」的眞相：有的議員邊聽邊打瞌睡，有些則交頭接耳不知所云，最終的結果更讓她們難以接受，請願案根本未經詳細討論便被擱置一旁，原來這些頂著議員頭銜的男人，對這種「婆婆媽媽」的生活議題毫無興趣，只想三兩下打發過去就算了。這種脫離生活現場的男人觀點，在日本的議會或行政體系中極爲常見，這也是爲何前幾年，農林水產省會想出用混合米（將不合日人口味的進口米與國產米混合）的方式，來消化GATT（關稅暨貿易總協定）所要求的進口稻米配額。任何一個有煮飯經驗的人，都不會做出這種離譜的決定，因爲這樣一來，根本沒辦法計算煮飯時所需的水量，煮出來的飯更是軟硬不一、難以下嚥。可是這群議員先生們卻做夢也沒想到，這群他們眼中不值一顧的歐巴桑們，後來卻成爲議會中與他們平起平坐的議員，而且形成一股不可小覷的政治力量。

而這段期間正值日本政壇風起雲湧的掀起一股政治勢力重組的風潮，岩根意識到，這是讓身爲「女性」與「市民」的生活俱樂部社員們，取得更大的社會發言權的機會。在一九七七年三月

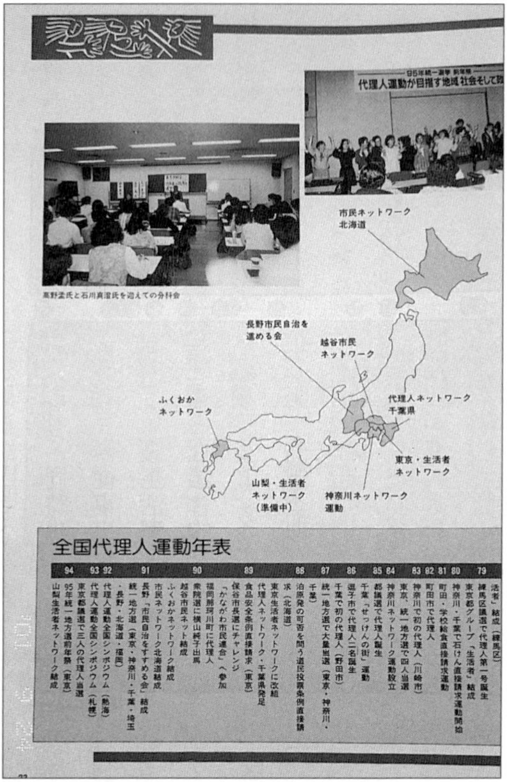

簡單明瞭的圖表，點出代理人運動現今分布的版圖。

的《生活與自治》中，他便提出呼籲——「日本政治的舊時代已經結束，接下來必然是多黨的時代，聯合政權已勢不可免，然而這對於持有不同想法的人，卻是一個透過討論方式取得共識，並且實際體驗政治運作的大好契機。我們國民應該把握這個素人參政的機會，拒絕讓職業政客們繼續玩弄下去。」

同年五月至七月之間，適逢東京練馬區的社員們高舉「驅逐危險的合成洗潔劑，大家來用粉狀肥皂」的大旗，展開一場名為「改變自己的生活方式」的肥皂宣傳運動。這個行動的目的，原本在於延續前一年的連署請求運動，這群越挫越勇的主婦們，到區內各地的公園、神社、兒童樂園、幼稚園等商借場地，現場示範肥皂的使用並且進行販售，此外還乘著宣傳車四出巡迴社區，透過家庭訪問或廣播宣傳的方式，一刻也不停地控訴合成洗潔劑的危險性。而這場綿密的社區宣傳戰，正好成為七月中旬東京都議員選舉的絕佳宣傳，在這場選舉中，生活俱樂部推出了第一位政治代理人——土屋女士，在一場又一場的街頭演講上，這位素人參選者吸引許多市民的關心與支持，雖然最後不幸落敗，但是在選後的感謝演講中，土屋女士卻道出了她的心聲：「自己踏出去的這一步絕不後退，我希望以後還能在生活俱樂部裡發揮一己的所能，與大家併肩奮鬥下去！」

在岩根的提案中，同時也點出了「代理人運動」的重點——從驅逐合成洗潔劑的過程中，重新確認每個人不僅是環境污染的受害者，同時也是加害者之一，唯有產生這種同樣身為社會成員的自覺，才能進一步擔負起應盡的責任，從事事漠不關心的時代旁觀者角色，轉變為事事參與的時代主體。而向來標榜以行動達成「保護生活環境，改造地域社會，促進文化發展」理想的生活俱樂部，也得以透過將自己的代理人送進議會的方式，真正將理想與期望反映到地方議會上，免於成為分贓政治下的犧牲品，並且爭取更大多數市民的關心及參與。在種種主客觀因素的配合之下，生活俱樂部的「代理人運動」就此溫柔而堅定地展開。

## 2

# 「代理人」與「代表」之間的差別

「代理人」是人民選出來的委託人，
任務在完成人民交付的任務
並為人民爭取最大權益，
但卻不應自作主張，以個人意見代人民做任何決定，
兩者之間是代理關係而非代表關係；
「代表」則是經人民選出後，
便可完全依其個人的自由意志代替人民作主。
現在的民主政治多採代表制，
生活俱樂部則主張代理人制。

剛聽到「代理人」這個名詞的時候，相信許多人都有不適應的感覺，既然是參與政治活動，爲何不直接用大家耳熟能詳的字眼，例如「市民代表」、「鄉民代表」等，讓所有人都能一下子掌

握它的含意呢？

原來這個問題必須回溯到十八世紀，由盧梭所提出的「社會契約論」的概念，日本直到十九世紀仍為封建君王所統治，後來雖然經過民主風潮的洗禮，但是眞正民主政治的起步，卻要等到第二次世界大戰結束之後才開始。民主政治源自於歐洲，在當地有數百年的發展基礎，然而日本人初嘗民主滋味至今最多不過數十年，因此許多內涵與觀念並未釐清與落實，縱使大家瞭解民主國家的「主權」屬於人民，但是受到政治實體逐漸擴大的影響，「直接民主」的理想不得不演變為務實的「間接民主」。也就是說，人民將手中的主權，委由少數代表或代理人代為行使，但是針對如何委任，卻產生兩種最基本的不同模式——「代表關係」與「代理關係」，其實這也是幾百年來有關民主政治「主權論」的主要爭議所在。

就「代表派」的論點而言，在國民選出議員之後，便等於將主權的行使權交給了議員，而每個議員得以在個人的自由意志下，進行各項議案的表決，完全不受選民意見的拘束，因此這又稱之為「自由委任」制。然而盧梭卻不同意這樣的做法，在《社會契約論》中他明白說道：「任何人都無法代表人民的主權……人民的代議士並非他們的代表，也不可能成為眞正的代表。他們只不過是人民的委託人，無法代替人民做任何決定！任何得不到人民眞正同意的法律是無效的，也根本稱不上是法律！」在他的眼裡，自由委任的間接民主制度是有缺陷的，應該盡一切可能朝向直接民主制度修正，而一般稱為「強制委任」的「代理關係」，便是另一種可行的選擇。

生活俱樂部所提出的代理人運動，正是這種想法下的產物。岩根曾經用一個簡單的例子，向社員們說明這個概念，有時我們爲了某些訴訟案件，必須上法院接受審判，由於本身的法律知識不足，往往需要尋求代辯律師的協助，而此時的辯護律師正是當事人的「代理人」。代理人的任務只在於瞭解當事人眞正的心意，然後向法官做最正確的傳達，並在法律限制下爲當事人爭取最大的權益，律師絕對不該也不能自作主張，爲當事人代做任何決定。

在日本現今的間接民主主義的前提下，確實產生許多政商勾結、利益輸送的流弊，而代理人運動的目的，便是希望將市民眞實的聲音反映在政治上，透過代理人重新打開一條更接近直接民主的道路，否則廣大的市民永遠無法享有統治國家的主權。

現代的民主選舉制度，選的是「代表」，而非「代理人」。

3

# 婆婆媽媽站出來

一九七九年，生活俱樂部成功地將第一位代理人——片野令子，送進了區議會。

從一個原來完全不懂政治的家庭主婦，到議會殿堂上侃侃而談的女性議員，這條路走在日本這個男尊女卑的社會上，遠比想像來得困難數百倍。

儘管一九七七年的都議員選舉不幸落敗，生活俱樂部的媽媽們並未因此而氣餒，終於在一九七九年，成功地將第一位代理人——片野令子，送進了練馬區的區議會。而且參與較深的社員們，還在同年十月組成了「東京都GROUP生活者」（以下簡稱「GROUP生活者」），其目的在於以合作社的理念，營造出不同於以往的社區，並且在社區內實現「合作型社會」的理想。

繼練馬區的代理人當選之後，一九八二年、八三年「GROUP生活者」分別在町田市及保谷市，

從來沒有政治經驗的媽媽們，用她們自己的方式，打出一場又一場屬於她們的選戰。

陸續成功地推出兩位市議員，八三年四月的統一地方選舉中，更一口氣在各地方議會裡獲得四個席次，而且全部都是女性。這波風潮同時也對隔鄰的神奈川縣造成影響，由於一九八〇年神奈川生活俱樂部方面曾經推動大規模的驅逐合成洗潔劑直接請求運動，結果包括橫濱及川崎在內的七個市都慘遭否決，這個結果讓努力奔走的媽媽們至爲失望，也迫使神奈川方面重新檢討未來運動的策略。經過兩三年的暗中摸索，她們終於得出一個結論，那就是光靠生活俱樂部的共同購買活動，已經無法充分保護自己，也無法滿足自己與家人的需要，唯有開發出更多樣化的運動手段，才能夠突破生活俱樂部眼前陷於「三%俱樂部」（在一個社區內至多只有百分之三的加入者）的窘境，也才能夠把自己的想法傳達出去，贏得更多人的贊同與支持。於是乎，在一九八二年的社員代表大會的議案書中，首次提出由生活俱樂部派出候選人參選的提議。後來在八三年的地方統一選舉中，神奈川的第一位代理人——川崎市市議員寺田悅子也順利誕生，由東京生活俱樂部所率先拋出的「代理人」概念，就這樣子靜靜地在社區中擴散開來，並且形成後來市民參政的陣陣漣漪。

不過話又說回來，從一個原來完全不懂政治的家庭主婦，到議會殿堂上侃侃而談的女性議員，這條路遠比想像來得更爲困難。尤其日本又是一個著名的「男尊女卑」的社會，許多主婦在家裡，努力扮演著賢妻良母的角色，先生的任何一句話，幾乎都有如聖旨一般的效力，她們眼中的世界，絕對不敢逾越先生的價值標準。最明顯的例子是，當生活俱樂部在刊物上表示可口可樂並非健康的飲料，不久，先生是可口可樂公司員工的社員們便主動退社。此外當組織部人員到銀行眷屬的宿舍班造訪時，無意間表示對銀行界有所不滿時，竟然還發生過整班解散的狀況，日本婦女

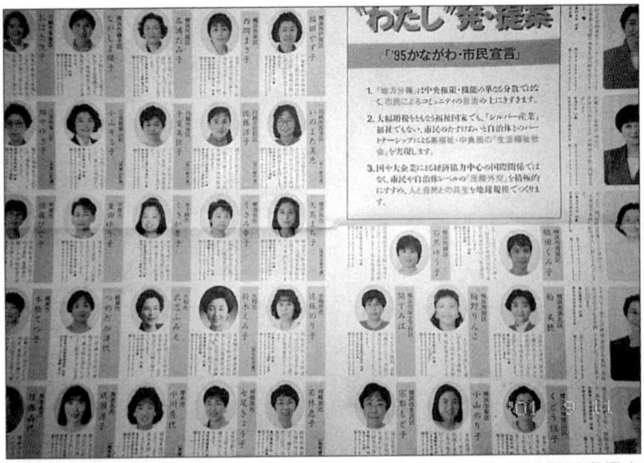

這些婆婆媽媽們或許沒有顯赫的學歷，或是傲人的經歷，但是她們卻贏得市民們最誠實與直接的支持。

缺乏獨立之人格可見一斑。在這種情況下，如何鼓勵這群清楚意識到社區與政治問題的家庭主婦，勇敢踏出「行動」的第一步，其困難可想而知。

其實在岩根剛提出「代理人」的提案時，能夠理解與贊同的社員並不多。雖然她們的確被議會的眞相所震驚，但是企圖主動去解決這個問題的人，畢竟只是少數。根據早稻田大學的佐藤教授在一九八四年進行的調查顯示，當時曾經參與過代理人運動的社員僅佔百分之七．四，而未來有意願嘗試者更只有百分之一．二，可見這對她們確實造成不小的壓力。寺田悅子女士下面的這段話，或許正足以代表絕大多數社員們的感受——「自己簡直是抱著從京都清水寺的高崖舞台往下跳的決心，才答應出馬競選川崎市議員的！第一次的公開質詢時，一心只想著要把肥皂議題搬上檯面，好不容易才鼓起勇氣上了台，但是誰也不會相信，當時的我一邊質詢一邊兩腿發抖，質詢完畢還僵在台上好一會兒呢！」

但是事實證明，岩根的眼光確實有其獨到的地方。戰後日本的勞工運動與反戰．和平運動，在安保鬥爭時達到了最高潮，後來隨著日本經濟的高度成長，工運淪爲要求加薪的例行公事，原本高舉的「勞動者主權」理想遂被拋到九霄雲外，這也註定了工運在日本社會的退潮。後來隨著公害與食品污染等經濟成長副作用的出現，反公害運動與消費者運動成爲社會運動的主流，「反抗與要求」通常是運動者最常用的手段，透過這種與加害者抗衡拉鋸的過程，這些運動確實留下許多斐然的成果。不過隨著行政規範的日趨嚴謹，污染性產業的陸續出走，日本的社會運動在七〇年代末期進入另一個階段，琵琶湖條例的制定與生活俱樂部的驅逐合成洗潔劑運動，可說是這個時期最典型的代表，這時污染環境的元兇不再是趾高氣揚的企業家，而是生活在社區裡的你跟我，每個人都必須爲環境的破壞負責，這也是東京生活俱樂部的社員們，在一九七七年的第一場代理人選舉中，打出「改變自己的生活方式」口號的原因。

在這種時代潮流驅使之下，「生活者主權」的概念逐漸抬頭，取代了原先的「勞動者主權」及「消費者主權」的中心地位，如此一來，傳統政黨政治的局限也儼然浮現，正如同保谷市議會的情形一樣，縱使是號稱最激進的共產黨與社會黨，也不敢貿然挑戰自己的選票，減少原有的垃圾收集次數，這也暴露出政黨與選民之間吊詭的關係。

由此可知，這群經過生活俱樂部組織活動洗禮的婦女們，已經培養出洞察問題眞相，按部就班解決問題的能力，接下來欠缺的只有大場面的歷練與勇氣罷了！因此在一九八二年的町田市議會選舉之前，河野專務理事特別在

「女性力量全面展現」一家報紙如此報導神奈川的選舉戰果。

議員の半分を女性にしましょ

統一地方選後半戦の投票日が迫った。今回は市町村議会議員選挙などより身近なだけに選挙民の関心は高い。しかし、生活に密着した選挙といっても立候補者はまだまだ男性優位の世界だ。こうした中、食や農にこだわる消費者団体を母体に「女性議員が五〇％になるまで女性立候補者を出し続けよう」というグループが選挙戦に挑んでいる。当然、支援者も家事の合間を縫って駆けつける女性だけ。神奈川県下で「おんなたちの選挙戦」に密着した。

# 生活者の視点で訴え

## おんなたちの選挙戦

### "ピーマン政治"いらない

素人集団

早朝　女性七人でJRの駅前で旗を持ち、出勤途中のサラリーマンに声をかける。「おはようございます」いつまでたっても候補者名は言わない。「名前を連呼するだけじゃだめだから、まだあいさつだけ」

AM8：00　男性ドライバーと三人のうぐいす嬢と選挙カーに乗る。ドライバーは事務所の大家さん。女性の運動に共鳴し、運転を引き受けてくれた。「この人たちは娘みたいなもんだよ。一生懸命だから、何かしてやりたくてね」。

AM9：00　事務所内のポスターに「ピーマン政治はいらない」。パンフレットにも同じ文字があった。ページをめくると「議員は男女半々であるべきです。女性議員が五〇％になるまで、女性候補者だけを出し続けます」。ピーマン政治ってなんだろう。「ピーマンのような空っぽの政治が生活を空洞化させている」と、ある支持者。

AM11：45　選挙カーが赤信号で停車。隣に止まったスクーターの女性が「政策をもっと訴えないと

追跡特報

### 疑問は選管にすべ

手弁当

PM1：00　支持者の一人が「政策が弱い。名前の連呼だけじゃだめ。何とかならないの」「じゃあ、どうすればいいのよ」。戦略論議を始めた。「ぶつかるからおもしろい。たまに、むっとすることもあるけどね」と候補者。

午後　団地内で演説。「農業が衰退し、国産の食べ物がどんどん減っています。ピカピカ光ったリンゴを食べたいと思いますか。日本の農業、自然を守り、

かだった室内が静かになった。十五、六人いた人たちが五人に減っている。「ここに来るのはみんな主婦で

都道府県議会の女性議員数
（自治省調べ、各年とも年末の数）



選舉運動讓「生活者」的觀點首次浮現在主流媒體上

《生活與自治》上撰文鼓勵——「把政治當作生活的道具」，隱隱點出將議會當作生活俱樂部傳播理念工具的含意，折戶理事長的說法更為淺白——「我們只不過是把共同購買安全有保障的消費材的觀念，延伸到『政治』領域罷了！推出代理人只不過是共同購買值得我們相信的議員而已！不是嗎？」

# 4

# 眞正成爲市民的代理人

一九八五年的東京都都議員選舉，
為代理人運動帶來一個飛躍成長的契機——
由過去生活俱樂部消費合作社代理人的角色，
轉變為支持同一理念、政策的市民的代理人，
明確地打出「市民派大集合」的選戰策略。
同時為了實現當選議員的目的，
可與政策一致的既有政黨合作，
這可說是代理人由生活俱樂部獨佔的代理人，
邁向全體市民共享的代理人的一大步。

一九八三年統一地方選舉的勝利，不僅東京方面的代理人數目倍增，連神奈川方面也出現了第一位代理人，這可說是奠定代理人運動基礎的關鍵。

而各個代理人也都抱著戰戰兢兢的心態，把握這個得來不易的機會，將自己在合作社活動中遭遇的問題與困惑，如實地反映到議會中，並且認眞學習過去所不熟悉的種種事務，從議事規則到預算報告書的解讀，四年的任期簡直就像一場漫長的障礙賽跑。她們關心的焦點從公共設施拒用合成洗潔劑、都市農業的保留、垃圾處理的問題到河川污染等等，而社員們在合作社內部專門委員會的實地調查資料，便成爲議會質詢的最佳材料，此外「GROUP生活者」爲了支援這些政治新鮮人，還特別於八三年五月舉辦「地方自治體對策會議」。

不過隨著代理人人數的增加，以及活動領域的擴大，卻開始面臨一個必然的難題，那就是代理人與生活俱樂部、「GROUP生活者」之間的互動關係，以及代理人本身在社區的定位問題。如果依照岩根最初的提案，代理人應該是生活俱樂部的代理人，將合作社的理念與想法反映到議會中，但是可想而知的是，代理人一旦進入議會，就不可能只審查自己有興趣的議案，舉凡公共建設、學校教育到都市計劃等等，每項議題都必須有明白的態度與立場，因此「消費合作社代理人」的身分在此受到莫大的挑戰。由是八〇年代初期的代理人運動，無論內外都陷入一個模糊曖昧的窘境，代理人在議會裡明確感受到的是生活俱樂部視野的局限，但另一方面卻必須接受來自生活俱樂部姐妹們的期待與拘束。

一九八五年七月的東京都都議員選舉，可說爲代理人運動帶來一個飛躍成長的契機。由於都議會的層級與區議會不同，過去單純將焦點鎖定在社區裡的問政方式顯然無法適用，因此在策定都議員選舉的理事會上，提出了這樣的決議——「由過去生活俱樂部消費合作社代理人的角色，轉變爲認同理念、支持同一政策的市民的代理人」，明確地打出「市民派大集合」的選戰策略。另一個決議的重點是「爲了實現當選議員的目的，可與政策一致的既有政黨合作」，這可說是代理人由生活俱樂部獨佔的代理人，邁向全體市民共享的代理人的一大步。

因此在八五年的東京都都議員選舉中，「GROUP生活者」便選擇與「社會黨」訂定政策協定，並且接受黨的推薦，甚至還開啓了與工會組織交流的管道，這股女性參選、市民抬頭的力量，果然成爲諸多媒體注目的焦點，而且在激烈的選戰對決之下，成功地將北多摩二區的池田敦子送進都議會的大門。受到這個勝利果實的鼓舞，一九八六年的「社員活動總括集會」中，全體社員開始熱烈討論「在我們的日常生活中，政治、議會、議員究竟該發揮什麼功能？代理人與其政策內容又如何呢？」，經過這次討論，始於一九七七年的代理人運動，至此總算走過漫長曖昧的灰色時期，成爲全體社員共有的話題。一九八七年四月的統一地方選舉中，「GROUP生活者」更一舉推出十三位候選人，而且創下了全員當選的佳績。

在這段運動擴展的過程中，生活俱樂部、代理人與「GROUP生活者」之間的三角互動關係，終於到了不得不徹底釐清的轉捩點。八六年九月的理事會上，終於提出了「代理人不僅是生活俱樂部的代理人，同時也是市民的代理人」，這是組織第一次坦承代理人具有雙重性格，而且導引出「代理人不應單純以生活俱樂部的利害或便宜爲考量」的結論，允諾未來希望在生活俱樂部與

議員選舉開票當選的時刻──長久的辛勞終於換來甜美的勝利果實。

「GROUP生活者」之間建立一種政治契約的關係。

不過在脫離生活俱樂部獨佔式的代理地位，轉變為全體市民的代理角色之間，如何維持代理人的連續性，避免議員的特權淪為私人的名器，勢必重新建構一個新的組織架構不可。原本這個角色應該由「GROUP生活者」來扮演，但是回顧過去十多年來的代理人運動，不可諱言地，「GROUP生活者」並未發揮應有的功能，或許是因為成員過於重疊的關係，生活俱樂部仍舊是代理人參選時的最大支援力量，從宣傳資料的印製、分送到演講場地的安排等等，許多都是專職人員下班之後義務幫忙，甚至連貨車也用來協助選舉的事務。在這種情形下，為了重建代理人運動的主體，大夥兒終於決定將「GROUP

生活者」轉型爲「生活者NETWORK」（簡稱NET，一九八八年二月成立），重新釐清代理人、NET與生活俱樂部之間的關係，理想的狀況是由生活俱樂部的活動中，持續不斷地尋找「生活中的政治議題」，並將其社會問題化，其次由NET針對這些問題研擬可行的政策，並且摸索與其他市民團體的合作之道，使其成爲凝聚廣大市民智慧的管道，而代理人只不過是NET的一員，負責推動政策的施行罷了。

為了達到這樣的理想，NET的成員經過一連串嘗試錯誤的結果，終於在九〇年代初期，提出了代理人的輪替制度，規定代理人至多只得連任二～三任（視地區有所不同），避免議員的職業化，此外代理人必須將議員年費的一定比例繳出，作爲NET事務所的營運費用，此外NET的會員也需要繳交六百～八百圓不等的年費，維持NET扮演推動代理人運動母體的獨立經濟基礎，至此代理人運動可說進入成熟的階段。

而今，NET已經成爲日本政界人人皆知的市民政團，而且儼然有發展

在NET運動正式樹立旗幟之後，每次地方大選NET都會推出市民版的政策白皮書。

成地方黨的情勢，在某些起步較早的地區，NET甚至成爲當地議會的最大派系，更重要的是她們已經開發出一種與男性迥異的政治文化，沒有粉味、沒有紅包，更沒有激烈衝突與暗盤交易，只有任何人都能輕易接近的親和氣氛，透過各種腳踏實地的調查與意見交流，NET已經成爲地方自治的重要據點。總結過去這二十多年來的代理人運動，的確達到了「政治生活化，生活政治化」的目標。

## 憶當時

吉本貴美子（千葉縣四街道市議會議員）

我們所面對的是一個與過去截然不同的世界，這些城府深沉的議員們、前輩議員們的壓力，加上強調秩序的議會體質，環境的變化遠遠超乎想像之外。直到稍微累積實際的經驗之後，自己才有辦法帶著微笑去面對這些事情，可是相關知識的培養卻不如想像中容易。若非在日常生活中密集地蒐集資料，明確捉住質詢的要點，根本得不到我們想要的答案！畢竟對方是坐領薪水的公務員，只要是你沒問的，他也絕對不會多答一句，所謂做人的體貼在這裡完全不適用。

在每年四次的定期議會中，除了提出各類一般質詢之外，自己也針對許多與生活密切相關的議題——如戴奧辛污染、垃圾問題、營養午餐、女性政策、高齡者及殘障者福利與都市計劃等，提出廣泛且深入的質詢。雖然大家普遍認為社會福利與教育是女性關注的焦點，但是我覺得透過對各個領域廣泛的參與和提問，是建立一個男女平等參與社會重要的一步。在這段期間，我也曾坐著輪椅實地到市內各地去體驗，參觀許多福利設施，或舉辦各式各樣的演講與討論會，與許多市民有了第一線的接觸，相信這些都將成為NET活動最寶貴的財產。

轉眼間四年的任期已經結束，我也幸運地再度當選第二任市議員。連任的感覺與初當選時那種拼命學習、無暝無日的情況稍有不同，但是辛苦的程度卻不相上下，只覺得時間永遠都不夠。為了推動理想中的計劃，必須花費許多時間與他人協調與溝通，牽涉越複雜的議題，也就需要越多的溝通時間。為了穩固本身的競選基盤，與市民NET保持密切的聯繫，也是重要的工作，對於市民們所提出的要求也必須誠懇應對，再加上與執行部門跟其他議員的互動關係，日子簡直忙得不可開交。真的是從「要求別人做什麼」的活動，轉變為「自己該做什麼」的新活動型態。從個人的觀點來看，自己的確覺得實力一點一滴在成長，但是市民們卻不容易感受到這一點，這也是我接下來該注意的地方。

一九九九年，「地方分權統籌法」通過施行，我們所住的四街道市被劃歸為與千葉市合併的地區，最近成為眾人關注的話題。然而只有區區八萬人的四街道市，跟坐擁九十萬人的千葉市合併，對於我們真的是件好事嗎？現在我們也為了這件事情大傷腦筋！預計在暑假期間，將前往西東京市的市民NET拜訪，瞭解行政區合併的經過與實際發生的問題。日子似乎一天比一天忙著呢！

還有關於行政部門所規劃，預定在二〇〇二年度中提出的「個人資訊保護條例」草案，也由我出任負責統整提案的總務常任委員長。至於二〇〇三年，在殘障者福利的施政部分，將由過去施捨式的福利措施，改為自主式選擇的方式，這也將是日本福利政策的一大轉變。為了因應這個變化，社區裡各項必要條件的整備，以及社區生活支援系統的建立將是不可或缺的前提。還有許許多多不及詳述的工作，都壓在自己的肩膀上，然而我只希望放鬆心情、放慢腳步，腳踏實地地完成這些任務。還有也希望兼顧自己的興趣（合唱團跟和式裁縫）和朋友，這樣聽起來會不會太貪心了些？不管怎麼說，真的希望能按照自己的腳步好好的走下去！只覺得在內心深處，有許多個「自我」在交錯著。有時也忍不住想問自己，這個始於一九八七年三月的「我的青春」，究竟是什麼樣的顏色呢？

# 七 女性的勞動者自主事業

古早人說「男怕入錯行，女怕嫁錯郎」，
而現在「生活俱樂部」的媽媽們對此顯然有些意見，
在她們眼中「男怕娶錯娘，女怕選錯行」似乎更有道理！
在傳統「男主外，女主內」的社會中，
僻處角落裡、檯面下扮演無名英雌的永遠是女人，
儘管她們操持家務、爲家人鎮日繁忙無有終時，
在法律上她們卻是永遠的「被扶養親屬」！
如今她們拒絕接受這種無理的安排，
姐妹們決心攜手合作創造屬於自己勞動的價值，
也尋覓失落千百年的尊嚴與自由。

1

# 自力造夢的勞動者自主事業

生活俱樂部提出W.Co.「勞動者自主事業」的目的，
在於建構一種介於雇傭與自願性勞動之間的工作模式，
讓家庭主婦們有機會在社區內發揮所長，
同時又能夠獲得一定比例的報酬，
讓社區成為一個需要與供給自我完成的最小有機體。

大部分的人都希望找到眞正適合自己的勞動方式——在最適當的時間工作，在需要休息的時候歇下，而且能夠賺取得以溫飽的所得。此外，這種勞動方式不僅能享有自尊，同時也對身旁的人或社區有所助益，達到利己利人的理想。可是在現實中，眞的有這種理想的勞動生活存在嗎？如果您有這種疑問，或許生活俱樂部所提倡的「勞動者自主事業」能夠帶給您些許新的啓示。

提起生活俱樂部的勞動者自主事業（Workers Collective，簡稱爲W.Co.）的概念，最早係於一九八二年由神奈川方面率先提出。觸動這個W.Co.運動起步的主要原因，大致有以下幾項。首先

社區裡的二手商品賣場，是許多女性們的自主事業夢想園地。（千葉縣成田市「迴轉木馬」）

是一九八〇年驅逐合成洗潔劑運動的挫敗，當時生活俱樂部在神奈川縣境內募集了二十二萬人的連署，卻被各地的議會硬生生加以封殺，這個失敗的經驗讓她們重新檢討生活俱樂部運動的局限性，當時在各個社區裡，參加共同購買的居民比率僅為百分之三，這也是生活俱樂部被戲稱為「三%俱樂部」的原因，後來這群媽媽們訂出了一個努力的目標，希望將各個社區的組織率提高到百分之十，藉由社員參與面的擴大，將生活俱樂部的理念散播出去，而具體的做法包括「推出政治代理人」、「設立迪坡（depot，意指社區取貨站）」以及「成立女性的勞動者自主事業」，後來這三者又被稱為合作社的新三角錐體，意指在「出資、營運、利用」的合作社原則及基礎上，建立起這個新的立體三角錐，使生活俱樂部得以更接近合作社的理想。

其次，是希望藉由W.Co.的成立，擴大合作事業的可能性。一九八〇年的ICA（國際合作社同盟）世界大會上，由賴羅（A. F. Laidlaw）博士所提出的專題報告中即明確指出，二十世紀末將是跨國企業稱霸全球的時代，由於商業邏輯將所有勞動納入金錢交換的領域，加上科技進步助長企業裁員與降低勞動成本的趨勢，所有人都將面臨「生活越來越花錢，可是賺錢的機會越來越少（或者該說大多數的錢被極少數人賺走了）」的大失業時代。在這種情況下，能夠創造出勞動機會，而且不需要太大資本的勞動合作社，將成爲新世紀勞動型態的新潮流，這種跡象已經在歐洲及美國顯現出來。因此生活俱樂部亦決定將這個概念率先引進日本，並且鼓勵社員們積極發展W.Co.事業。

最後一點，當時日本的高齡化社會已隱然成形，政府自知勢必無法承擔天文數字的醫療照護支出，而民間安養的花費又不是一般市民所能負擔，再加上求職不易、生活花費高漲，不少女性必須重新投入就業市場，增加一份兼差打工的收入，這使得傳統家庭內的照護習慣也面臨改變或斷絕的命運，整個社會似乎只能眼睜睜地看著問題爆發。因此生活俱樂部提出W.Co.的目的，便在於重新建構一種介於雇傭與自願性勞動之間的工作模式，讓家庭主婦們有機會在社區內發揮所長，同時又能夠獲得一定比例的報酬，讓社區成爲一個需要與供給自我完成的最小有機體。

不過W.Co.的雛形並非出自日本本土，而是仿傚美國七〇年代出現的市民事業，當時許多反越戰的年輕人，不願意接受企業資本的雇傭，企圖追求更貼近人性的勞動方式，因此結成許多大大小小的生產組織，這便是W.Co.（勞動者自主事業）的由來。簡單地說，W.Co.就是由一群人共同出資，建立一個事業體，而所有出資者在沒有經營者與受雇者的階級架構下，集思廣益、分攤勞務、各司所職，達到自我實現與生計維繫的雙重目標。

然而，在生活俱樂部內推動W.Co.運動的第一步卻相當不易，雖然大家都感受到現代社會即將引爆的沉痾弊病，但是一旦要自己去當那隻掛鈴鐺的老鼠，任誰都免不了退避三尺，畢竟由自己主導成立一個屬於自己的事業，不僅要面對來自先生的壓力，更要直接承擔來自社會的批評與責任，這些都不是家庭主婦們所熟悉的，因此基本上這可說是一項理念前導型的運動。

## 2

# 果醬裡的一片天——「凡」

剛開始接觸果醬的生產時，
這群堅持手造原味，
絕對不添加防腐劑的媽媽們，
連最基本的殺菌封瓶的技術也不懂，
為了賣這些天然無添加物的果醬，
還得不厭其煩的一一用塑膠容器冷凍保鮮，
直到後來改成玻璃瓶殺菌包裝之後，
才漸漸改善生產、打開銷路。

在筆者赴日研修的那段期間，曾經拜訪過幾個W.Co.，其中以位於東京都町田市的「凡」最令人印象深刻，或許是擔任代表的西貞子女士所具有的特殊氣質，或是她勇敢追求女性自立的膽識與執著，讓人對她以及她一手創設的「凡」企業組合難以忘懷，下面就來看看她的故事。

對西女士的第一個感覺是「勇於直言，與眾不同」，不過這並非見面時的第一印象，而是在一篇名爲〈我與生活俱樂部〉的座談會（一九九二年三月）紀錄上，讀到西女士的發言時的感受。大多數的出席者都會強調，參與生活俱樂部的活動，爲她們開展出截然不同的人生，對於這場生命中無意的邂逅，有種說不出的由衷感謝。可是西女士的說法卻跟眾姐妹們大異其趣——「在我的人生裡，包括目前仍和我同住的伴侶，還有生活俱樂部，是最重要的兩個對象，是這兩者造就了現在的我。不過如果少了他們，相信我現在的生活會好得多！」

出身鄉間的西女士，年少時曾經夢想，長大後要在北海道偏僻的小村莊裡，當個騎馬出診的瀟灑醫生，後來也如願進入新潟大學的醫學院，可是二年級的白老鼠解剖課程，卻難倒了她，原來她從小就是個連筷子都拿不好的孩子，如果沒辦法學會外科開刀，萬一眞到了北海道的窮鄉僻壤，搞不好還會誤人性命呢！在莫可奈何之下，她只好選擇轉到藥學系，畢業之後沒多久就跟高中同校的先生結婚，因爲先生是鄉下的公務員，爲了增加收入，西女士也得找份工作賺錢，後來還把體力漸衰的公婆接來同住。一些熟識的朋友聽到這個消息，簡直難以置信，她們都不相信那個向來我行我素的野丫頭，嫁人之後竟然願意乖乖侍奉公婆，或許是天生倔強的脾氣，加上無意識中所接受的女人的本分，西女士心裡暗想，只要努力應該沒什麼辦不到的！

在第三個孩子出生後不久，宿命的相逢來臨了！西女士的公公在鄰居的慫恿下，鼓勵她加入「東西好吃」的生活俱樂部，而且他還表示願意代勞處理訂購事務，誰知道沒多久，西女士的公公卻一病倒下，共同購買的勞務便落在西女士的肩上。在那一年的支部大會上，她第一次聽到岩根理事主席的演講，主題是要將本來每月二百圓的出資金提高為五百圓，旁人聽來或許覺得刺耳，可是岩根堅定的口氣卻觸動了她內心的某個角落——「為了組織的健全與發展，我們有必要將二百圓的出資金調升為五百圓，生活俱樂部是為了真正需要的人而存在的，覺得沒有必要的人可以隨時退出！」事後西女士回想起來，其實當場她並不十分瞭解講者的意思，但是好強的性格卻不容許自己後退，「如果真的要參與，乾脆直接深入組織，至少能夠給自己一個滿意的答案！」她的心中如是想，不久便接下了社員幹部的棒子。

在社員幹部的任內，除了例行的新社員招募活動之外，她最有興趣的該算是消費材的開發。由於町田市屬於東京的郊區，地方上還保留著不少農地，當時生活俱樂部的供應項目並不包括蔬菜，因此這群町田的媽媽社員們，為了吃到最新鮮又安全的蔬菜，秉持著「自己思考，自己行動」的生活俱樂部精神，二話不說便開始尋找合作的在地農友。由於先前已經有豬肉整頭購買的經驗，所以媽媽們很快地便建立起蔬菜的共同購買管道，可是跟豬肉不同的是，蔬菜的產量受到天候的影響頗鉅，早春幾個連續的大晴天，就能夠讓預定出貨的「菠菜」變成啃不動的「菠樹」，有時過於豐收的番茄只能眼睜睜地擺到爛掉，身為消費委員的西女士見到這種情形，心裡著實有說不出的無奈，後來才想出利用這些剩餘的果蔬，加工做成各種醃漬品或熟食，用來當作試吃或宣傳活動的材料，這可說是促成「凡」W.Co.誕生最原始的概念。

印刷精美的產品目錄，表現出她們想創造「町田特產」的企圖心。

後來適逢東京方面提出籌組W.Co.的呼籲，西女士便決定組成一個將在地農產品加工的事業體，這便是「凡」的由來。剛開始，爲了奠定事業的基礎，「凡」也不能免俗地承辦生活俱樂部的委託業務，主要是蔬菜等品項的班別分裝業務，在剛起步的那個夏天裡，幾乎有整整兩個月的時間，都耗在菜園裡幫農友摘茄子，而那年因爲盛產而多出來的大小茄子，便成了「凡」的第一批加工原料。不過光是利用這些生產過剩或模樣過於奇怪的農產品，實在無法維持穩定的事業，於是便向生活俱樂部批購不用的牛隻內臟，加工之後販賣，另外也做一些便當菜色銷售，補貼W.Co.的基本開銷。

剛開始的三年，可說完全是事業的準備期，在生活俱樂部低價提供場地，以及在地

小巧別緻的店面，顯現出「凡」獨有的媽媽的味道。

農友的熱情支援下，「凡」才能夠度過一次又一次的嘗試錯誤，摸索出最適合自己及社區的經營模式。

後來西女士發現單憑現有的農產品加工，實在難以維持W.Co.的生存，遂決心在共同購買的銷售網路之外，另外開闢一個小小的店面，直接向附近的居民推銷自己的產品，而且開始接觸果醬的生產，說來或許大家難以相信，這群堅持手造原味，絕對不添加防腐劑的媽媽們，剛開始連殺菌封瓶的技術也不懂，爲了賣這些天然無添加物的果醬，竟然還得用塑膠容器冷凍保鮮，直到後來改成玻璃瓶殺菌包裝之後，才漸漸打開了銷路。

在這事業擴張的階段，「凡」也遭遇到資金不足的困難，爲了向金融機關貸款，西女士還特別將「凡」申請設立爲企業組合（產業合作社的一種），後來由於人手嚴重不足，在實在找不到願意出資的工作伙伴的情況下，她也只得變通聘請數位工時人員，變通的方法是替對方保留隨時加入的機會，畢竟爲了照料孩子與老人家，許多婦女實在不容易踏出自立的第一步。後來隨著現場經驗的累積，西女士也發現到，完全採取齊頭式的時給分配方式，確實會造成付出與報酬不對等的問題，於是在歷經內部會議討論之後，大夥兒才重新擬定有關分配金與勞動參與的內規。

種種情況，對於從未辦過事業的西女士來說，的確是一場漫長的學習道路，可是對她這個年紀的日本女性來說，更大的壓力卻是來自於家庭。在三代同堂的環境中，媳婦可說是最難爲的夾心餅，儘管參加生活俱樂部是公公的主意，可是眼見自己的媳婦整天爲了生活俱樂部的事情忙得不可開交，甚至連年幼的稚子也拋在家裡，這可不是做公公所樂見的，據說老先生還曾經偷偷寫信給當時的折戶理事主席，希望他出面勸退西女士不要繼續工作。

事實上，西女士也不好過，明明每天在外頭忙得天昏

在匠心獨具的賣場背後，是繁忙的中央廚房。

地暗，回家還得裝出一副堅強的模樣，一到家馬上開始洗手做羹湯，身心簡直疲累到了極點。在這段忙於W.Co.的日子裡，連自己的母親臥病在床，她也沒辦法隨伺在旁，與家人之間的摩擦也變成了常態，事後回想起來，雖然西女士覺得這是自己選擇的道路，沒有後悔的道理，但是自己的個性如果能再柔軟些，相信會減少許多自己與他人的痛苦。

類似西女士的例子，在許多W.Co.裡屢見不鮮，日本的社會並不歡迎一個眞正自立的女人，回顧日本百餘年來的現代化過程，從明治維新確立男性中心的戶長制度後，女人便註定了做牛做馬的命運。後來在產業現代化的過程中，一如著名的《女工哀史》（細井和喜藏著）中所描述的，大批的農村女性被迫湧入紡織廠，成爲薪資微薄、超時勞動的一群，等到六〇年代經濟起飛，年輕的勞動力大量不足，政府才決定將女性正式編入勞動市場，並且大量設置托兒設施。表面上的說辭是「給予婦女同胞充分發揮才能的機會」，事實上卻是在男性的思維下，任意地操縱女性的行動，只要時代的風向一轉，女人的「神聖任務」馬上轉變，這便是女性所面對的宿命現實。

說到這裡，其實自己內心也感觸良多，筆者的母親去年剛滿五十，十年前她接下父親生意的擔子，在經濟獨立多年之後，最近才開始懂得學人家說：「要做自己」、「要愛自己」。經過這些年來，自己總算對西女士在座談會上的發言有所領會，如今她不僅要在夫婦關係中，掙扎脫出「被扶養家屬」的地位，在W.Co.的運動道路上，更急著脫離仰賴生活俱樂部的附庸角色，我想她所追求的應該是女性眞正的自主與獨立，同時也是百分之百的自由。

3

# 無形的百萬高牆

日本的稅法與企業內規，
都有意無意地將女性視為「被扶養對象」，
只要妻子的收入未達百萬，
先生的所得稅便可享「配偶扣除額」及「配偶特別扣除額」兩項優惠，
然而一旦妻子的薪資超出此限，
不僅先生無法享受任何的稅率優惠，
連公司的配偶扶養津貼也會一併取消。
因此形成一堵無形的「百萬高牆」，
使許多有心衝刺事業的女性望牆興嘆，
為避免家庭革命而放棄創業念頭。

到了九〇年代之後，W.Co.運動逐漸進入事業的穩定期，儘管日本的泡沫經濟破滅，可是因爲經營不善而解散的W.Co.可說少之又少，而且面對著已經到來的超高齡時代，W.Co.更在社會福利領域中，摸索出一條嶄新的道路，令人不得不對女性的耐力與韌性折服。

然而官方的腳步似乎永遠比人民落後，這一點大概是放諸四海皆準。儘管「賴羅報告」已經明確指出人類社會的困境，以及合作事業將來應扮演的重要角色，可是日本政府卻對此毫無反應，仍舊拼命地拿人民的血汗稅金，去塡補泡沫經濟時期留下的金融黑洞，最近甚至不得不開始進行所謂的行政改革與政府瘦身，可是這群掌權的男人，似乎怎麼也看不見另一群女人爲了解決問題的行動表現。種種的法律規章，仍舊是過去男人本位的產物，從民法到稅法，在在都箝制了女人的自由行動，不過男人似乎也忘了，限制女人的自立發展，等於間接否定了男人猶豫、歇息與倒下的權利，企業戰士成爲日本男人永遠的宿命。

舉一個最明顯的例子來說，W.Co.至今仍非法律所認可的法人組織，因此當一群女人（或男人）有心成立W.Co.的時候，除了由成員自力籌措資金之外，事業體根本沒有對外融資的可能性，而且也不可能承辦任何行政機構的業務，這對於W.Co.的事業發展，無疑是莫大的限制。如果眞的要在現有的法人之中，尋找一個最接近的對象，應該要算是中小企業協同組合法所規定的企業組合，不過跟一般的私人公司比較起來，有意成立公司的人只要滿足法令規定的各項條件與程序，便能夠登記成立，然而企業組合的成立，卻必須經過中小企業團體中央會、都道府縣知事或通產省的審查，神奈川的第一個W.Co.「人人」在第一次申請的時候，就被打了回票，原因有兩項——第一

為了支援這群有心活出自己的女人，生活俱樂部開放了所有可供活用的資源。(圖中是山梨生活俱樂部租給W.Co.用來配送冷藏品的小貨車)

是完全由主婦所組成的經營團隊，其事業沒有成功的希望，第二則是事業項目中所提及的生活俱樂部委託業務，在日本社會中沒有前例可循。

這個回答恰好象徵了外界對W.Co.典型的看法，沒有人相信一群只會帶孩子、煮飯的媽媽，能做出什麼大事業來！有趣的是幾年之後，「人人」的事業收入蒸蒸日上，學界、媒體開始注意起她們的動向，連神奈川縣政府也請她們去作報告，把她們當作是創造女性就業機會的典範，後來「人人」再度提出申請時，對方再也不敢以這些理由來拒絕，由此可見實力還是有機會改變混沌不公的現況。

另外還有一項俗稱「百萬高牆」的稅法，也是阻攔W.Co.發展的一大障礙。原來W.Co.雖然在法律上不被認可為法人，但是在W.Co.工作的伙伴們，卻仍舊被納入稅法上薪資所得者的範圍，也就是說在W.Co.所取得的分配金，也必須用來報稅（由此可見政府的狡猾）。根據日本稅法的規定，全年的實際所得扣掉六十五萬圓的薪資所得扣除額之後的金額，才是稅捐機關課稅的對象。至於實際所得未滿一百萬圓的情況，根據現行法律的規定，課稅所得為零，也就是說收入超過百萬之後，當事人才需要繳稅。

或許有人會覺得奇怪，賺錢繳稅本是天經地義，為何會出現「百萬高牆」這種詭異的說法呢？其實這牽連到日本的稅法與企業內規，都有意無意地視女性為「被扶養對象」，因此在妻子的收入未達百萬的情況下，稅法上對於先生的所得設有「配偶扣除額」及「配偶特別扣除額」兩項優惠，然而一旦妻子的薪資所得超出此限，不僅先生的稅率優惠無法適用，公司的配偶扶養津貼也會取消，而且太太也得自行報稅，如果所得超過一百三十萬，當事人還得自己加入社會保險，無法依附在丈夫的名下。所以整體而言，先生的所得越高、公司福利越優厚的家庭，所受到的影響越大，這也就形成一堵無形的「百萬高牆」，使許多有心工作的婦女望牆興嘆，更遑論達到經濟自立的理想。

這個問題造成W.Co.發展上極大的困擾，不少女性為了避免引發家庭革命，在加入W.Co.之初，便事先聲明自己不願領取百萬以上的所得，甚至還為此特意減少工作時間，連帶地也影響成員參與營運的意願，造成經營幹部的世代斷層。更嚴重的問題是，在W.Co.內部自然而然地形成兩個集團，一邊是積極投入工作，將W.Co.當作個人生命再創高潮的機會，另一邊則是危危怯怯緊守百萬界限，不願意多出一分力氣，由此可見這堵牆壁不僅擋住女人走入社會的機會，同時也隔離了女人團結合作的可能性。

其實除了稅法的問題之外，日本的年金制度也將妻子視爲先生的附屬品，雖然表面上看起來，即使沒有任何收入也能獲得一定的保障，但是隨著不婚族及頂客族的增加，這種「獨厚」家庭主婦的制度，也會漸漸受到挑戰。還有，受到男女薪資水準不平等的影響，男女勞動者老後所領得的厚生年金也有大幅的落差，這些都對W.Co.的發展造成負面效應。雖然也有不少抱持逆向思考的W.Co.成員，將「百萬高牆」當作自我挑戰的標竿，一如「人人」的堀內理事所說——「直到接到市民稅繳納單的那一刻，我才覺得自己的選擇得到了認同！」不管怎麼說，如何打破這道看不見的「百萬高牆」，在法律上確保女性勞動者自主事業的地位，確實成爲近幾年來全體W.Co.共同努力的目標。

## 憶當時

堀内みどり（原「人人」W.Co.理事）

直到孩子升上國小五年級之後，自己的內心開始出現一個細微的聲音——「這樣下去可不行！真想為自己做點什麼！」這也是我踏入W.Co.的契機。說來有點歹勢，與其說是我選擇了W.Co.，倒不如說是因緣際會的結果。在這種毫無心理準備的情況下，只因為住家附近有這麼個方便的工作場所，自己冒失地闖入了W.Co.的大門，也種下了後來日子難過的因緣。

剛開始的時候，老公還大發慈悲，儘量配合我的工作時間，幫忙做些家事，可是沒多久就原形畢露，說什麼這樣下去可不行！孩子很可憐什麼的！跟一般大男人沒什麼差別。不過過去這五年，受到我一點一點地「調教」，令人欣慰地，他居然變成最能理解我的人！不知不覺之間，夫婦倆也到了中年，雖然遲了些，但是兩人之間能誠心地互相關懷的機會，總算多了起來。不管是女性自立的話題，還是自己想做什麼？想怎麼樣活下去？我都會跟他開懷暢談。

今年四月，我終於接到生平第一張市民稅繳納單，雖然金額少得可憐，但是收到信的那一刻，心中不禁湧起一種難以扼抑的感動，覺得自己的選擇終於得到了認同。對我來說，收入超過一百萬圓，並不只是代表那一點點的稅金，而是明白反映出自己對這個社會的責任，對於將來該怎麼活下去，自己的內心似乎也有了明確的答案！

（摘錄自《「新版」工作創造、社區營造的指導手冊》，神奈川W.Co.連合會出版）

# 八 重建生產與消費之間的互信

大多數的媽媽都會這麼想，
要讓孩子上最好的學校、受最好的教育，
有朝一日坐辦公廳、吹冷氣、成爲人上之人。
那麼——誰留在土地上流汗淋雨，
爲我們提供安全健康的食物呢？
不過百年的現代化腳步，
卻撕裂了人與土地千萬年唇齒相依的情感，
直到有一天人們發現，
再多的金錢也買不到安心！

走向山巔、海涯、谷地與平原，
「生活俱樂部」的媽媽們用她們一步步的腳印，
重新串連起生產者與消費者之間，
那份屬於人類之間本該有的疼惜與信賴！

# 1

# 產地直銷的先鋒——遊佐米

「稻米最重要的不是品種，
而是要將適合的種類種在最適合的土地上，
才可能種出好吃的稻米！
我們要的是正港種在月光川旁的遊佐米！」
或許正是這一份識貨的堅持，
生活俱樂部最後終於取得遊佐町在地生產的稻米，
這也是全國第一個「產地指定方式」的實例。

台灣古早有句話說——「食飯皇帝大」，中國也有句俗諺叫做「民以食爲天」，兩者都在強調吃對人的重要。而生活俱樂部的起點，其實也就是「吃」，從前的人希望能吃得營養些，而現在的人則主張吃得健康，儘管每個時代的訴求不同，不過「吃」始終是人們最關心的話題。

而作爲一個追求吃得健康、安全與環保的消費合作社，生活俱樂部與生產者之間的往來，當然是最主要的重頭戲，更難能可貴的是，生活俱樂部在堅持消費者權益的同時，更不忘設身處地爲對方著想，這種開門見山的坦誠態度，輕易地擄獲了每個人的心。回顧生活俱樂部發展的歷史，可以發現合作超過二十年的生產者比比皆是，而彼此之間早已發展出超越交易伙伴的情感，在這條共同購買的道路上，隨手拈來都是波瀾壯闊的人間悲喜劇，這裡面有笑、有淚、有樂、有悲，本章就來看幾個實際的例子。

生活俱樂部剛起步時，可說還是「配給米」的時代。提到「配給」兩個字，年紀稍大的人應該不陌生，沒錯！「配給米」正是戰後食糧不足下的產物。一如本書第一章所提到的，大正年間，由於日本產業結構激烈轉型，導致米糧不足，後來蔓延成爲全國規模的「米騷動」，寺內內閣甚至還因此解散。第一次大戰結束後，日本稻米價格飛漲，政府於是訂定「米穀法」，由官方介入稻米的買賣與流通。一九三一年滿州事變發生後，東北亞戰局吃緊，政府將原有的「米穀法」修改爲「米穀配給統制法」，進行徹底的社會物資控制。在日、美開戰後翌年（一九四二年），東條內閣更將各項相關法令整合爲「食糧管理法」，而這便是影響日本稻米生產與流通的最大因素。

這段期間，每個日本人都有一本國家發給的「米穀通帳」，只有持有這本通帳的人，才能到米行購買每個月十五公斤的配額。基本上，戰後日本一直處於糧食不足的情況，因此這種配給制度頗能符合人民的需要，此外日本政府爲了滿足國內的糧食需求，一方面對外進口稻米，另一方面則大力鼓勵開闢水田，增加稻米的產量，而農民所生產的稻米則由國家統一收購。在多年的增產運動下，稻米產量逐步增加，戰後以來的食米危機終於解除，不過日本政府也付出了相當的代價，爲了提升農民種米的意願，以及穩定市場米價的雙重目的，食糧廳始終背負著相當大的赤字預算。再加上一九六〇年安保條約的簽訂，日本正式納入美國的保護傘下，面臨農業大國美國的龐大輸出壓力，日本政府不得不在六一年制定了「農業基本法」，正式將農業的重心由稻米轉到畜產的振興上，而飼料穀類的進口市場便是美國最大的目標。在種種外在條件的轉變下，一九六九年，日本政府做出了一個令農民至今仍難以諒解的政策大轉彎，那就是「減反政策」的提出（「反」是日本的農地面積單位，約等於台灣的一分地）。而且農民每廢耕一分地，就可得到兩萬圓的獎金，翌年政府更喊出了「一成減反」（減少十分之一的稻米耕地）的口號。

這種做法令篤實的農民大爲反彈，他們無法理解直到昨天爲止，還在大肆鼓勵增產的政府，爲何今天的說法卻完全相反。而且許多人爲了投入稻米的生產，還特別籌資興闢灌溉設施，將許多原本不適稻米生產的土地，也開闢

農村文化向來源自於最深層的土地，日本的稻作方式與台灣略有不同。

成阡陌縱橫的良田，如今還未回收分文，就須被迫廢棄，任誰也吞不下這口氣。

當時有位來自山形縣新余目農協（類似台灣的農會組織）的年輕米農國井清一，由於受不了這種形同出賣農民的政策，於一九七〇年的年底，忿忿不平地開著一輛滿載著兩噸白米的卡車，上面還用白菜頭滿滿地鋪蓋著，以避人耳目（別忘了當時還是米糧管制的時代），一路從山形殺到東京來。他當時的想法很簡單，既然國家背叛了農民，那農民就得自謀生路，自己把號稱日本最好吃的山形庄內米載到東京來直銷，就不相信這些城市的太太們不買，而且這也象徵一種對「食糧管理法」的挑戰。結果沒想到才兩噸的白米，竟然在東京的大街小巷賣了幾天還賣不完，最後還不得已把日漸失水的菜頭賤價賣給果菜市場，這時國井的心情簡直壞到極點，又不敢把剩下的米載回鄉下，只好硬著頭皮請朋友介紹可能的買主，而生活俱樂部便在這樣的情況下，與山形的白米結下了不解之緣。

由於岩根太太也來自於山形縣，在人不親土親的情況下，岩根決定幫這個年輕人的忙，結果在短短的幾小時內，便把這些白米銷售一空，而且社員們的反應是意料之外的好。正所謂「打鐵趁熱」，由於在米行的居中操縱下，當時的米價以各種名目一漲再漲，配給米制度已喪失了穩定價格的原意，所以生活俱樂部也正想申請米糧零售商的資格，以便進行稻米的共同購買。在如此的機緣下，岩根遂積極跟國井所屬的新余目農協聯絡合作的事宜，沒想到保守的農協理事一見到赤堤的鐵皮倉庫，差點跌破眼鏡，當時日本的農協剛經過大合併的風潮，無論那裡的農協都是光鮮亮麗的鋼筋水泥大樓，他們實在不相信生活俱樂部這種菜鳥合作社的結款能力，後來此事也就不了了之。幸好不久經過友人的介紹，岩根結識了同屬山形庄內的遊佐町農協，遊佐的池田理事長是個勇於創新的庄腳漢子，兩個人見面之後一拍即合，決定在政府被迫棄守農業的惡劣環境下，透過「產地直銷」的方式，爲日本的米農打出一條生路。

由於山形、新潟、秋田等日本海沿岸縣份，是日本最著名的稻米產地，因此食糧廳對遊佐町農協的出貨檢查與監視也特別嚴格，唯恐這些好吃的稻米流入黑市。不過池田跟岩根也不是省油的燈，既然法律不允許農協與消費合作社直接交易，他們決定採取迂迴的方式，以遊佐町所屬的蕨岡農事法人協議會與生活俱樂部社員直接買賣的模式進行，表面上遊佐町農協與生活俱樂部一概不涉入。爲了這次的「非法」交易，雙方人馬可說風聲鶴唳，甚至連一旦被警方查獲，該由誰出面頂罪都決定好了，其緊張的氣氛可見一斑。

一九七二年，生活俱樂部決定向惡法挑戰，直接向東京都政府提出陳情案，希望其開放消費合作社申請米糧零售商的限制，恰好當時日本政府亦有意放寬稻米的流通，於是乎持續了二十幾年的米糧配給制度終告結束，毋須經過政府插手的「自主流通米」正式登場，生活俱樂部也如願地取得米糧零售的牌照。不過政府爲了平息民間對米價高漲的反彈，另外增加了「標準價格米」的品項規定，等於保留部分的政府配給米，而且所有零售商都必須上架供應。

在這種情況下，生活俱樂部雖然取得了合法的米糧販售資格，但是問題只解決了一半，原來

日本海沿岸鳥海山下的綠色大地，正是孕育出遊佐米的故鄉。

日本政府所推出的「自主流通米」政策，只片面免除了官方公定價格收購的義務，所有農村所生產的稻米，仍須經由層層中間單位與盤商，才能送到一般消費者的手上。也就是說日本政府基本上只想解決自己的赤字問題，卻不願意放鬆對稻米流通的管制，或許農政單位的考量有其一定的道理，但是市面上黑市米的流竄也是事實，許多零售商爲了增加收益，並未遵照食糧廳混合碾米的規定，特意將其中口感較好的米種分離，然後掛上「越光米」或「sasanishiki」（梗稻的品種名）等名稱販售。此外富山縣當時也傳出鎘米污染的事件，所以站在生活俱樂部的立場，無論如何都希望能夠指定購買遊佐町的稻米，不僅水質、氣候跟土壤條件都屬上乘，更重要的是能夠眞正掌握生產面的眞相。

原本庄內經濟連（經濟農業協同組合連合會）還希望說服生活俱樂部，不要太過執著於「遊佐米」，如果只要求同屬「sasanishiki」的「庄內米」，他們願意全力配合，沒想到岩根早已熟知稻米生產的箇中乾坤，義正辭嚴地回答道：「稻米最重要的絕非品種，重要的是要將適合的種類種在最適合的土地上，才可能種出好吃的稻米！在地人沒有一個不知道，庄內首屈一指的就是月光川畔的米，接下來才是最上川，所以我們要的不是庄內米，而是正港種在月光川旁的遊佐米！」或許正是這一份識貨的堅持，最後終於一一取得各個流通機構的同意，願意協助生活俱樂部取得遊佐町在地生產的稻米，這也是全國第一個「產地指定方式」的實例。直到一九八二年底，生活俱樂部的稻米訂購量已達到了十五萬俵（一俵爲一百台斤），等於整個遊佐町農協稻米產量的三分之二。

若非當初岩根與池田兩位勇於向現況挑戰的領導人，或許這個稻米產地直銷的首例永遠不會出現。而在雙方往來的過程中，兩造的社員也開始進一步接觸，一九七四年東京方面的社員頭一次造訪這個後山的產米聖地，這便是著稱的「庄內交流會」，此後這項交流成爲生活俱樂部內部的例行活動，各支部的消費委員會也頻頻造訪這個依山傍水的好所在，實際體驗播種、育苗及收割等農忙活動，用身體來感受米農們的辛勤付出。另一方面，遊佐町農協的婦人部成員也在七五年到訪東京，結果適逢生活俱樂部的驅逐合成洗潔劑運動，回到鄉村之後，這批農家婦女竟然成爲

山形的遊佐米，至今仍是合作社刊物喜於舉出標榜的重點。

反對合成洗劑的先鋒部隊，爲了自己的安全與土地的生命，成功地推廣肥皂的使用，至今在遊佐町還有百分之七十以上的居民堅持使用肥皂，這些都是雙方交流所留下的佳話。

一九九三年，日本出現少見的寒害，全國各地再度出現搶購稻米的恐慌，然而生活俱樂部卻在長年穩定的合作關係下，安然度過這次的危機。相反地，一九九五年因爲全球氣候異常的影響，日本出現稻米過量盛產的危機，當時筆者正好在生活俱樂部實習，看到生活俱樂部的社員們爲了幫助遊佐町的農民，認眞地透過各種烹飪活動或社內宣傳，鼓勵大家多吃白米的熱勁，最後爲了達到預期的認購目標，有些單位社甚至不惜買下多餘的稻米，捐給當時正在鬧飢荒的北韓，這種生產者與消費者之間無私無我、禍福與共的精神，爲同樣出身農家子弟的筆者，留下一種永難忘懷的心靈震撼。

## 2

# 產消合作的結晶——新生酪農工廠

一九七九年，集眾人之力而成的新生酪農工廠終於誕生，
當第一批生產的牛乳，
在貼有生活俱樂部專有「S」標誌的冷藏車隊載運下，
緩緩地駛出停車坪的那一刻，
所有人都不禁流下欣喜的淚水，
畢竟這象徵著酪農夢想的起飛，
也是生活俱樂部運動的另一個起點。

提到牛奶，相信大家都還記得這是生活俱樂部一切故事的起源，事實上在最早期的十五圓牛奶「集體飲用運動」之後，生活俱樂部爲了追求更穩定與高品質的牛奶，也費了相當大的心血與精神。

原來當時各大牛乳廠商，爲了儘可能增加自身的利潤，都將腦筋動到乳脂肪上頭，既然政府

的「乳品及乳製品成分規格之相關行政命令」中規定乳脂肪的含量爲三．〇～三．一，所以各家廠商都悄悄地把多餘的部分抽出，轉作奶油或其他乳類加工品之用，更有甚者還將牛乳中的乳脂肪大量取出，然後再添加其他脂肪用來魚目混珠。

果不其然，一九七一年八月，《每日新聞》便以大篇幅報導市售的十一家廠商的牛乳中，檢驗出有異類脂肪混入的情形，後來連國會也對此大做文章，這便是有名的「椰子油混入事件」。幸好生活俱樂部方面早有先見之明，在前一年便與日生協及全酪連（全國酪農業協同組合連合會）合作開發出「CO–OP生協牛乳三．二」（以下簡稱CO–OP牛乳），強調完全無調整、無農藥及抗生物質的殘留，結果在「椰子油事件」的刺激之下，CO–OP牛乳的銷售業績大幅成長，甚至連農協方面也連忙跟進，在翌年推出強調完全天然的「農協牛乳」，希望藉此沾點光。

不過CO–OP牛乳在生活俱樂部出現的歷史並不長，除了一九七三年的石油危機，造成生活俱樂部與日生協之間的嫌隙之外，全酪連方面不斷調高價格的做法，也讓生活俱樂部難以接受，自從爆發石油危機以來，五個月內售價整整調整了六次，儘管各項生產成本的提高的確是事實，但是加工處理費的一再調漲，卻讓生活俱樂部對全酪連的誠信度產生懷疑。由於生活俱樂部堅持單品集結的方針，因此其訂購量可說居日生協內各合作社之冠，爲了調價問題，生活俱樂部不知跟全酪連協調過多少次，卻總是得不到滿意的答案。

根據全酪連方面的說法，由於日本的酪農規模較小，生產基礎原本薄弱，再加上千葉等地的近郊酪農戶，受到工業化風潮的影響，許多大型工廠紛紛進駐，導致土地成本大幅提升，有些專業酪農甚至被迫兼差打工來維持生計，在原料來源確保不易的情況下，不得不提高售價云云。

全酪連基本上是收購原乳加工出售的仲介者，因此合作社方面對於酪農眞正的處境並不瞭解，不過面臨一次又一次的漲價要求，東京的木田業務部長也無奈地吐露他的心聲：「過去每次牛奶價格調漲，我們都設法提高物流效率，或是借用社員的力量來節省管銷費用，想辦法吸收這些價差，可是這種做法也到了極限，看來除了跟酪農生產者直接對話之外，別無他法可想！」

事情到了這個地步，只好走一步算一步。一九七四年六月，河野組織部長與榎本小姐來到了茨城縣的共榮酪農組合拜訪，這才發覺生產者也陷入無法脫身的泥淖，整個酪農業面臨的是一個結構性的慢性危機，漲價不僅造成消費者的負擔，同時生產者也沒得到任何好處。

於是乎，岩根便在七四年八月號的《生活與自治》上，發表了一篇文章——「儘管牛乳工廠已進入高度機械化及大量製造的時代，但是跟消費合作社和酪農生產者的所得比較起來，這些工廠所要求的處理費用確實高得離譜。」同時文中還舉出了實際的數據以爲佐證。其實當時全酪連的埼玉縣狹山工廠剛落成啓用不久，照理說整體的產能應該大幅提高，可是全酪連還是一味地要求漲價，讓人不禁懷疑他們只是想搭市場的順風船罷了！事情發展到最後的結果是，生活俱樂部終於被迫選擇自己蓋牛奶工廠一途。

正如同木田業務部長多年後的感慨，如果一開始他們知道「牛奶這條路」這麼艱辛，或許就

生活と自治

いつも生産者・消費者にしわよせ

牛乳の値上り政府の責任

私たちの生活権守ろう

酪農政策の根本的転換を

當時的《生活與自治》，便曾明白批評牛乳漲價的結構性問題。

不會如此莽撞地做下這個決定！不過也正由於生活俱樂部的「素人精神」，才得以開創出超越常識的道路。受到牛乳價格飛漲的影響，從一九七四年開始，牛奶的每人平均使用量開始下滑，生活俱樂部的情況也不例外，或許是受到這個壓力，岩根終於在一九七六年九月對社員發布自費興建牛乳工廠的構想。

不過一開始計劃就遭遇不順，雖然透過種種關係找到千葉縣的三和酪農協，生活俱樂部方面也招集了兩輛遊覽車的社員前往參觀，可是對方的反應卻十分冷淡。幸好這時從另一方面傳來了好消息，有位社員的先生在《生活與自治》上看到這個建廠的計劃，這位名叫時田的先生出身千葉，他的哥哥時田善衛正好是千葉酪農協的理事，本身也從事乳牛的畜養，他對於牛乳廠商的控制手腕與頤指氣使的態度，向來即心存不滿，因此他對岩根的想法十分贊同。

其實這種下游或上游業者對生產農民的掌控情形，在畜牧業界非常普遍，例如台灣的養雞業者亦受到飼料廠及冷凍屠宰廠的箝制，有時飼料商根本與屠宰廠屬於同一集團，生產者必須向固定業者購買飼料，才能得到包銷的「服務」，而其中的利潤空間早已在此掌控之中，這也是所謂「雞奴」一稱的由來。日本戰後的酪農業情況較此更爲悲慘，由於乳牛牧場所需的開發費用更爲龐大，許多酪農因此背負了永遠難以清償的債務，只好繼續維持與牛乳廠商的供需關係，唯其馬首是瞻。所以酪農協的性質與其說是農家之間的合作組織，倒不如說是牛乳廠商的收購集團來得貼切。

在這種幾乎看不到前途的情形下，岩根的提議對時田來說好比一線曙光，他回到自己所屬的長生酪農協裡，向伙伴們推銷這個前所未聞的想法。原本生活俱樂部希望與酪農共同出資，一起興建共有的牛乳工廠，以加強雙方利害與共的關係，孰知在幾次內部討論之後，長生酪農協的答案卻是希望自力興建工廠，生活俱樂部只要負責進貨就可以了！這個結果跟生活俱樂部的預期實在相差太遠，可見生產者長久以來在被剝削的情況下，或許早已忘記人類還有平等對待的可能性，這時他們所能想到的，只是儘量保障自己的利益。

最後連生活俱樂部方面也不得不放棄最後一絲希望，改變原有的方針，直接介入酪農產地的組織活動，預計聯繫百戶左右有興趣的農戶，組成一個新的生產集團，確保每天能夠提供二十噸的原乳，可是當這個方針提出之後，包括時田先生在內，眞正願意脫離原有所屬的酪農協，加入這個新組織的竟只有區區六個人。儘管如此，這個迷你酪農集團——「農事法人千葉東部酪農組合」，還是在一九七七年九月正式成立了！而且生活俱樂部各單位社的理事主席全數到齊，爲這個全國首見的「牛乳直販」運動團體催生打氣。雙方同時決定各出百分之五十一、四十九的營運資金（二千萬），創造全國第一個由生產者及消費者共同擁有的牛乳工廠，至於生產者資金籌措不及的部分，則由生活俱樂部方面先行借支，一九七八年二月，這個「新生酪農株式會社」終於在多舛的命運中誕生了。

老實說，當新生酪農成立後，雖然工廠預定在七九年三月完工正式啓用，可是在資金不足、酪農人數不足、補助款又沒有著落的情形下，誰都不相信這個工廠眞的能夠如期完成，在當地的酪農及收購廠商之間，大家似乎還存著一種等著看好戲的心態。幸好在時田積極招募人馬，生活俱樂部戮力奔走融資之下，局面漸次好轉，甚至後來還取得日本開發銀行的兩億多元貸款，讓所有人有如吃下一顆定心丸，後來大家才知道在銀行的宿舍裡，竟然也有共同購買班存在，不過誰也不確定這是不是眞正的理由。

一九七九年二月二六日，這所集眾人之力的牛乳工廠終於正式落成啓用，三月一日，第一批由新生酪農工廠所生產的牛乳，在貼有生活俱樂部專有「S」標誌的一列冷藏車隊的載運下，終於緩緩地駛出了工廠寬廣的停車坪，這也象徵著酪農夢想的起飛，這一刻，所有來到現場的社員、農家跟專職人員，都不禁流下欣喜的淚水，畢竟這是他們盼望已久的時刻，也是生活俱樂部運動的另一個起點。

如今生活俱樂部的牛乳配送已達到全程定溫保鮮的地步，這是剛起步時所難以想像的。

# 3

## 社間合作的典型——重茂漁協的例子

重茂確是一個人人稱羨的現代漁村，
行駛在山間由漁協鋪設的平坦道路上，
處處可見覆著晶亮琉璃瓦的民家。
粟津參事驕傲地述說接下來的夢想——
漁村裡的老年人有地方打槌球、動筋骨，還能泡個熱湯，
年輕人有能夠發洩精力的棒球場或籃球場，
還要在海邊的高崖上，
建造一座美麗的望海公園，
裡面有可以泡茶的木屋茶間，
也有孩子們喜歡的游泳池……

如果說西方人是喝牛奶、啃麵包長大，那麼日本人就是靠著沙西米跟哇沙米維生的民族。這

種說法雖然誇張，卻也傳神地點出日本人跟海洋之間的關係。

早在西洋的飲食習慣傳來之前，各種魚類海產可說是日本人最重要的蛋白質來源，昆布、若芽等更是三餐不可或缺的主角，因此生活俱樂部在成立的第二年，便透過一家位於靜岡縣的海產加工廠，購買本州三陸海岸所出產的乾燥若芽。所謂的三陸海岸，大約是指本州東北的岩手縣南部延伸到宮城縣一帶的海岸線，此地屬複雜多變的岩岸地形，也就是一般所謂的峽灣海岸，非常適合藻類及大小魚類棲息，同時近海又有黑潮及親潮兩股冷熱海流交會，因此自古以來即為著名的海帶、若芽與貝類產地。

不過以當時生活俱樂部積極開發自有產品，並且致力於建立與產地之間的直接交易關係，這種透過加工廠取得的間接關係，實非岩根他們所樂見。雖然這家工廠的老闆為人頗為可靠，在那個韓國的廉價產品大行其道的年代，仍舊誠實地為生活俱樂部確保來自三陸的養殖若芽，但是無論如何，建立消費者與第一線的生產者攜手合作的關係，才是生活俱樂部最終的理想。在這種情況下，岩根透過全國漁業協同組合連合會（簡稱全漁連，類似台灣的漁會組織）的管道，積極探訪與若芽生產者接觸的可能，後來得知三陸海岸確為日本最重要的若芽產地，僅沿海地區三十餘家漁協的產量，便佔全國總產量的近四成。

透過社會黨內的漁民部長石好先生的引介，岩根找上了位於岩手縣宮古市的重茂漁協，這個漁協在當時還是個名不見經傳的小團體，儘管當地的生產環境自然天成，若芽的品質也屬上乘，

重茂半島上的燈塔，向來都是半島上漁民們的精神指標與驕傲。

無奈重茂漁協受到半島地形交通不便的限制，只能將採得的若芽先行乾燥，然後運往佐渡或鳴門等地加工，然後再以「佐渡名產」或「鳴門名產」之名銷售全國，這種情況與台灣的「池上米」大多來自富里、關山有異曲同工之妙。

要瞭解重茂漁協的情況，就不能不先回顧一下當時日本的近海漁業。重茂漁協是由重茂半島上大小十三座漁村所組成，總人口數約爲兩千人，絕大多數居民都以漁業維生，在現代化的腳步入侵之前，這裡的漁民多駕一噸左右的漁船在近海打漁，這種漁撈作業多以家族勞動爲主，而這也是日本一般漁村的生活常態。在二十世紀初期，漁船漁具開始機械化，到了一九五〇年代，漁船的動力化與大型化更爲明顯，加上港區設備的整建與擴充，一、二十噸的漁船可說司空見慣，撈捕漁業也大爲興盛，漁獲量跟漁獲種類都達到前所未有的頂點。

可是不久之後，漁民們卻開始覺得不對勁，原本豐富的磯岸資源逐漸枯竭，漁民們爲了彌補這部分的損失，只得更努力投入撈捕的行列，不少漁船在捕魚時，爲了提高眼前的產量，不惜使用極細目的漁網，這種做法徒然加速了海底資源的消耗，再加上外地漁船覬覦本地的優良漁場，越界偷捕的情況從未間斷。雖然有不少本地漁民爲求生存，轉入烏賊的釣捕領域，活動的海域也逐步擴大至秋田、山形、新潟及宮城等地，然而漁業資源的枯竭已是整體大環境的趨勢，最後有些漁民甚至淪落到必須依賴漁協的共濟補助金度日的窘境。

此時，有位到千葉漁協學校學習的當地年輕人——粟津澄男，也就是後來重茂漁協的參事，在一位教授的鼓勵下，決心回到故鄉投身再造行列。恰逢當時日本政府也感受到近海漁業的危機，打出了海洋資源保

雄偉的重茂漁協建築物，除了外觀之外，漁協也在漁民的生活上，扮演著重要的角色。

活用政府的補助款，重茂漁協建立起屬於漁民自己的鮑魚及海膽育苗場。

護的口號，大力宣傳「從捕捉漁業到養殖漁業」政策，粟津也配合政府的方針，提出了「從生產、培育到販賣」的漁業概念，說得明白些，也就是從原本靠天吃飯，隨機型撈捕、採集的一級產業，進一步轉型爲養殖、加工型的二級甚至三級產業。他們陸續嘗試若芽、鮑魚、海膽等的養殖，利用政府所提供的補助款項，加上重茂半島本身優異的自然條件，成果十分理想，後來在縣政府漁業推廣人員的技術協助下，連原本絕難養殖的昆布也能成功量產。

然而接下來的銷售管道才是大問題！由於當時日本已經進入大量生產與流通的時代，唯有掌握流通的管道，才能夠眞正創造利潤。剛開始，重茂漁民們所生產的產品，大多經由漁協或縣漁連的管道，拍賣給各地的大盤商或加工業者，可是較受市場青睞的生鮮若芽，經過沿途舟車轉運之後，產品的新鮮度往往不及他處，價格只有市價的八、九成，更慘的時候甚至還會遭到退貨的命運。幸運的是，這時有人發明了一種「蒸煮鹽藏處理法」，經過高溫煮沸的方式，破壞若芽的葉綠素分解酵素，再加上鹽漬脫水之後，可以保存很長的時間，而且加水之後，就能恢復剛採下來鮮嫩的原貌，這使得重茂的產品有機會公平地與其他產地一較長短。

更重要的是，恰好在這個時刻，岩根來到了重茂漁協，希望漁協方面能夠提供生活俱樂部最新鮮的若芽。對於自己送上門來的生意，當然沒有人會拒絕，不過那時正好是消費合作社誕生的高峰，各個合作社良宥不齊的問題頗爲嚴重，而且重茂鄰近市町的漁產加工廠，還有被合作社倒帳的經驗，所以剛開始粟津參事對於這個不速之客也有些疑慮，深怕漁民們的辛苦成了泡影。或許是岩根的誠意打動了漁協，又或是漁協方面也有銷貨的壓力，一九七六年雙方終於展開第一次的交易，由於這是生活俱樂部第一次進軍海產品的產地直銷，所以大家都有種只准成功、

漁村裡的婦女成了分裝加工的絕佳人力資源

不准失敗的壓力。

東京方面的木田業務部長，便曾經在同年六月的《生活與自治》上，對社員們發出如此的呼籲——「這是我們第一次跟漁協合作，雖然集結的數量不多，但卻是我們踏出海產品『產地直銷』的第一步。藉由若芽這個品項，我們與漁民們搭建了思考的共通基礎，讓我們不分彼此，共同思索日本漁業未來的方向。」正如同合作社原則所強調的，不同領域的合作社之間，應採取互利合作的態度。由於合作社係以增進社員之生活與文化水平爲目的，而非以商業市場的利潤中心及惡性競爭爲導向，因此合作社之間實有互相增進利益的必要。而生活俱樂部與重茂漁協的合作，正好成就了這麼一段佳話，二十多年來，無論在事業或運動上，彼此都互相提攜牽成。

筆者曾經在一九九五年夏天，來到了這個本州東海岸的漁協運動聖地，幾天下來，最讓人驚奇的不是壯觀的漁協大樓，也絕非社員們有條不紊的集體行動，而是在他們的十餘座港口中，根本看不到一絲浮油，這對走遍台澎大小漁港的筆者來說，簡直是難以置信的神話！原來早在一九七五年左右，重茂漁協的婦人部便認知到合成洗潔劑的危險，對於倚賴近海養殖漁業維生的漁民而言，海水的水質無疑是攸關生死的大事，因此他們在半島上的大小道路，四處豎滿了拒絕使用合成洗潔劑的招牌，而且所有的商店也協議拒售這項產品。此時全國反對合成洗潔劑的運動才正要興起，由此可見重茂漁協確有其獨到的眼光與行動力，也無怪乎後來漁協與生活俱樂部在「驅逐合成洗潔劑運動」的期間，果然成爲焦不離孟的好搭檔。

最令人驚訝的是，在此地的漁港裡，我們見不到一絲絲的浮油。

整潔明亮的制服頭盔，以及有條不紊的熟練動作，這便是操作定置漁網的漁民們一天的開始。

在朝向岸邊的回程中，成群的海鳥前來分享漁民們收穫的喜悅。

粟津參事除了在漁業經濟上努力不懈之外，爲了鼓勵更多年輕人留下來，更積極推廣許多新觀念，例如每週訂定固定的「休漁日」，讓終年辛勞的打魚郎，也有固定的休息時間，一方面增加休閒與學習的機會，另一方面也較接近外在社會的生活步調。此外如月薪儲蓄制，也是漁協信用部一項貼心的設計，畢竟昆布、鮑魚等近海養殖漁業，通常以一年爲作業週期，收入也不穩定，所以漁協定出這套獨特的制度，將全年度的銷貨收入扣除必要費用之後，再將剩餘部分劃爲十四等份，每個月可向信用部支領十四分之一，其餘部分則是年中及年底的額外支用，如此一來，減少許多漁民生活入不敷出的窘況。

經過這幾十年來的努力經營，重茂確實

成爲一個人人稱羨的現代漁村，行駛在山間由漁協舖設的平坦道路上，處處可見覆著晶亮琉璃瓦的民家，粟津參事驕傲地說，在人口嚴重流失的日本鄉間，重茂地區是少數人口回流的漁鄉，他同時還告訴筆者，接下來他們要努力的，是創造一個老中青三代都能安居樂業的福祉漁村，老年人有地方打打槌球，動動筋骨之後還能泡個熱湯，然後要爲年輕人設立一些能夠發洩精力的棒球場或籃球場，可能的話，還要在海邊的高崖上，建造一座美麗的望海公園，裡面有可以泡茶的木屋茶間，也有孩子們喜歡的游泳池……

在他的眼中，筆者彷彿看見一個美好的國度，那不僅是屬於日本的，同時也是台灣人心目中，或者說是任何人心目中的美好世界。此刻終於明白，原來夢想的道路是始於每個人自己腳下，無論身處鄉間或鬧市，集結眾人之力的合作社，就如同它的彩虹標記一般，能夠帶領人們通往善與美的彼端。

4

# 開創民間另類貿易的可能性

生活俱樂部在實地探訪的過程中發現，這場飢荒並非單純的「天然災害」，而是在世界分工體制下的「人為傷害」，因此除了迅速募集六千萬圓的賑災基金外，還希望將尼格羅斯島的無農藥野生香蕉，直接送到日本的消費者手上，形成一種不同於傳統殖民式外銷農業的「另類貿易」。

自從「賴羅報告」於一九八〇年的ICA莫斯科大會上提出之後，便一直是生活俱樂部運動方向的重要指標，在這篇名為「西元二〇〇〇年的合作社」的調查報告中，明白指出了未來合作社需要優先投注心力的領域，其中第一項便是「滿足世界性的飢餓」，而這也成為後來生活俱樂部介入尼格羅斯島香蕉民間貿易運動的契機。

尼格羅斯島位於菲律賓群島中部，是個面積約台灣三分之一的大島，總人口數約有三百萬人。島上百餘年來都種植甘蔗，由跨國企業經營的大型殖民農場遍布各地，其砂糖產量高達全國總產量的七成，主要用來供應外銷市場。這種專門種植外銷換金作物，而且是大面積、單一品種的栽培方式，其實正是殖民時代地主農奴制的遺害，尼格羅斯島上高達百分之九十九的土地，竟然集中在人口不到百分之二的地主手中，而另有百分之七十的島民受雇於地主，從事極為廉價的農務作業，由於他們既沒有生產用的土地，也沒有任何資本，與其說他們是農民，倒不如說他們是砂糖產業中最底層的「工人」來得恰當。由於甘蔗的生產週期為一年，因此當甘蔗收成時，這些蔗工們便負責砍刈、搬運甘蔗，或者從事製糖作業，以換來地主發放的微薄工資。但是農忙時期過去後，無處可去的居民們只好聚集在農園一角，忍受著有一頓沒一頓的飢餓生活，不得已的時候，還必須向地主預支下一季的工資，才能到地主開設的雜貨店買點生活必需品度日，所以這些蔗農們對地主有著深深的依賴。

原本這種殖民經濟的模式，還讓島上的居民們維持著「吃不飽，餓不死」的狀態，孰料一九八〇年代中期，一場國際糖價的暴跌，幾乎害慘了這些世代以砂糖維生的人民，許多跨國企業轉進中南美洲各地，生產出成本遠較菲國為低的砂糖，導致尼格羅斯島的砂糖出口受阻。此外歐美各國也紛紛以提供補助的方式，鼓勵溫帶的農民們種植甜菜，加上各先進國家的飲食習慣改變，消費者認定「糖」是導致肥胖的元兇，所以人工甘味劑、代糖等大受歡迎，這些都使尼格羅斯島的砂糖嚴重滯銷。於是地主們乾脆放棄這些無利可圖的蔗園，至於蔗農們就只有自生自滅一途。所以在一九八六年左右，尼格羅斯島爆發嚴重的飢荒，營養不良的乾癟孩童難以計數，因而感染疾病身亡者更不在少數。

除了這種殖民經濟所帶來的弊害，菲國長期以來政經情況的不穩定，使得人民普遍潛在不滿，共產黨所籌組的新人民軍便是反對當前政府的最大勢力，他們游走菲國各地進行零星的游擊戰，山區的居民往往無端遭受驅逐，原來安居的家園成為政府軍與民兵對峙的殺戮戰場，許多居民不得不被迫離家逃亡。在這種內外交相煎迫的情形下，從一九八六年到八九年之間，尼格羅斯島上爆發菲國史上最大的一批國內難民潮，數以萬計的人民被迫離開家園，逃進城市裡，擠身在衛生條件極差的臨時避難所裡，前途茫茫，飢餓無助。

這個消息傳出之後，在歐美等先進國家引起莫大的同情，一九八六年日本亦由多個民間團體發起成立「支援尼格羅斯島運動委員會」（JCNC），而生活俱樂部即為其中最

簡單的插圖表達出兩地人民隔海互相扶持的友好關係

(The Other Economic Summit)的活動。

在大型企業和國家對社會生活具有強大影響力的今日，保護地球環境和人類的地域獨立活動團體的存在，就顯得尤爲重要。這些團體超越國境、連手協作，爲實現市民自治的協同組織式的地域社會而不斷努力着。

## 세계의 풀뿌리활동과 함께

현재 생활클럽은 세계 각국의 풀뿌리 운동단체, 협동조합운동과 교류하고 있습니다. 경제적 자립을 추구하여 무농약 바나나 생산에 노력하는 필리핀 · 네그로스 (Negros) 섬 사람들과 상호 방문을 거듭하고, 연수생을 파견하고 있는 신용협동조합경기도연합회. 1992년 브라질 유엔 「환경과 개발」 회의나 새로운 세계를 모색하는 TOES (The Other Economic Summit) 에도 적극적으로 참가하고 있습니다.

거대 기업이나 국가가 강한 영향력을 가지고 있는 오늘의 세계에 있어서 지구환경과 인간을 보호하려고 하는 지역의 자립된 활동단체의 존재는 귀중합니다. 이 단체들은 국경을 넘어 손을 맞잡음으로써 시민 스스로 자치하는 협동조합 지역사회의 실현을 추구하고 있습니다.

Non-chemical bananas grown by people in Negros, Philippines.

## 世界の草の根の活動と共に

現在生活クラブは、世界各国の草の根運動団体や協同組合と連帯活動をしています。経済的自立をめざし、無農薬バナナの生産に励むフィリピン・ネグロス島の人びとや、相互訪問を重ねたり、研修生を受け入れる韓国信用協同組合京畿道連合会との交流があります。また1992年のブラジル国連『環境と開発』会議や、新しい世界を模索するTOES (The Other Economic Summit) にも積極的に参加しています。

巨大企業や国家の影響力が強い今日の世界にあって、地球環境と人間を守ろうとする地域の自立した活動団体の存在は貴重です。これらのグループが国境を越えて手をつなぎ合い、市民が自治する協同組合地域社会の実現をめざしています。

尼格羅斯島與日本之間的香蕉「另類貿易」，至今仍是生活俱樂部津津樂道的成功經驗。

重要的贊助者之一，他們在實地探訪的過程中發現，這場飢荒並非單純的「天然災害」，而是在世界分工體制下的「人爲傷害」，儘管尼島的人民有充分自給自足的自然條件，但是在不公平的土地政策以及跨國企業財力的箝制下，他們卻被迫接受飢餓之苦，這顯然是不合理的「結構性問題」。爲了向日本以及全世界的人們揭發這個眞相，他們迅速在日本募集了六千萬圓的賑災基金，並且與當地的天主教基礎生活共同體（BCC）合作，除了緊急支援食物與藥物之外，另外還希望協助當地人民，重建自立自主的經濟模式。

但是在蔗園瀕臨廢耕，當地人民又窮得一貧如洗的情形下，除了一雙手之外，他們幾乎沒有任何的籌碼。此時滿山遍野的野生香蕉吸引了大家的注意，東南亞一帶本來就是香蕉的原產地，而且這裡的香蕉只要有水跟土就能長大，既不需要肥料，更不用說農藥。於是他們便決定在菲國及日本分別成立進出口公司，希望將尼格羅斯島的無農藥野生香蕉直接送到日本的消費者手上，形成一種不同於傳統殖民式的「另類貿易」，同時透過這種交往，讓日本的消費者們（主要以幾家合作社的社員為主）慢慢瞭解香蕉的來源、產地，以及農民們所承受的生活壓力，最後這種地球南北之間的不平等及剝削關係，便會自然而然地深入日本人的腦海，為這種世界性的問題解開第一個環結。

不過在合作的過程中，他們也遭遇到許多意想不到的困難，一般的殖民式香蕉農場多以生產為第一考量，機械化的作業方式與集中型的肥培管理，只為了生產出規格劃一，符合外銷市場要求的「商品」，然而進出口公司在尊重當地人民自主經營的前提下，剛開始的問題簡直多如牛毛。例如在一九八九年十月，由於兩端對口單位聯繫上的疏失，首批香蕉運抵日本時已腐爛過半，只得全船丟棄。由於日本的檢疫條例規定，香蕉進口時必須保持青綠色，因為成熟的香蕉會引進無法收拾的病蟲害，此外日本的海關還有諸多細節的規定，起初尼格羅斯島的蕉農根本難以理解這些要求，光是在意見的溝通上便花費了一、兩年的時間，後來才慢慢取得彼此的信任。

還有在島內的運輸方面，農民們也面臨極大的挑戰，因為島上缺乏基礎建設，所有香蕉都必須仰賴農民們一擔一擔地挑往集散地，另外他們還必須面對軍方的威脅，在產區一帶，軍隊便在沿途設置了十幾個關卡。有一次在運輸途中，卡車遇上軍方的阻撓，被強迫打開貨廂，結果使得整批香蕉誤時趕不上船期，生活俱樂部方面立刻印製傳單，向社員們說明原委並誠懇道歉，這個插曲反而讓日本的家庭主婦們，對艾奎諾政府、軍國主義及人權等議題產生興趣，繼而組成許多討論會與學習組織，希望能進一步改善這種現況。

儘管有人質疑這種做法，是否只是換另一種方式延續對開發中國家的經濟箝制，但關鍵是，日本絕不直接介入當地組織，一切經營模式皆由在地人摸索與學習，日本只是儘可能地提供經濟及經驗上的協助。而在這個過程中，日本消費者也開始看清楚，菲律賓的經濟與生活問題，絕非他人的瓦上霜，如果把「國家」或「民族」的界線去除，雙方的人民面對的是同一個問題的兩面。菲國的人民在飢餓的存亡邊緣沉浮，爲了活下去，他們唯一的辦法是使用大量農藥、不斷開墾處女地，把地球僅存的原始森林破壞掉，而日本人民雖然看似衣食無虞，但是世界性的食物污染，以及環境破壞所造成的臭氧層輻射散布，再加上高經濟所得所帶來的通貨膨脹，隱然成爲一種慢性自殺的狀態，誰都看得出來這是一場沒有贏家的角力。

一房房採自南國島上的香蕉，渡海而來便成為共同購買目錄上的熱門品項。

# 5

# 讓消費者看得見每一位生產者

難以相信在每日往來人潮高達百萬的新宿車站附近，
竟然還有這種戰前的老式麻油工廠，
堅持使用源自江戶時代的傳統榨油法——玉締法。
當參觀的媽媽們看到和紙過濾器時，
簡直懷疑自己是否回到了三百年前的江戶時代，
誰都想像不到自己吃的麻油，
竟然是如此慢工細活做出來的。

從前面的幾個故事中，相信大家對生活俱樂部的概念已經相當清楚，在這個生產與消費距離越來越遙遠的現代社會中，試圖單方面解決消費者的問題，幾乎等同於緣木求魚，唯有直接觀照問題的各個面向，並且集結相關各界的力量共同參與，才有眞正解決的希望。因此無論是稻米、牛奶甚至漁產品，生活俱樂部都希望與生產者建立起直接合作的關係，如此不僅能夠確保使用者

親生會（生活俱樂部合作生產者的連誼組織）所發行的地圖，清楚地標示出各地生產者的位置與產品。

的需求，同時也得以藉由無障礙的溝通，瞭解彼此之間觀點的落差，藉以協調得出折衷的解決之道。

過去筆者在主婦聯盟從事有機農產品的共同購買時，便對於這一點有深切的體會，許多消費者一上門就直接問道：「請問你們賣的是不是『有機』？」，如果答案是否定的，絕大多數的人會轉身就走，繼續在茫茫的大都市中，找尋他們的「有機夢」，身爲一個往來於產地與消費者之間的專職者，這是最難堪的時刻，因爲另一端的答案永遠是——「沒有農藥誰也種不起來！」。唯有讓消費與生產兩端能進一步直接相互瞭解，才能解決問題。

這也就是生活俱樂部爲何堅持建立「產地直銷」模式的原因，唯有自己深入去瞭解問題，才

協助生產者採收紅蘿蔔的生活俱樂部社員

有權利遠離被欺騙的命運。不過在合作社起步的早期，因爲社員的人數較少，參加的人也多具備高度的問題意識，因此社員跟生產者之間的溝通管道較爲暢通，然而隨著組織的不斷膨脹，社員人數也由幾千、幾萬一直增加到近三十萬，此時縱使再有效率的組織，也無法讓每個社員認識每一位生產者，加上各類品目逐漸開發完成，後來加入的新社員缺乏與生產者同甘共苦的經驗，難免會產生消費顧客的心理，因此如何拉近這兩者之間的距離，便成爲生活俱樂部在組織活動上的一大課題。

「百聞不如一見」，要建立社員與生產者之間的感情，最直接的辦法就是讓社員們造訪生產現場，用所有的感官去接觸、覺察其中的甘苦，而拜訪山形縣稻米故鄉的「庄內交流會」，便是由來最早的產消交流活動。自從一九七四年生活俱樂部的社員們前往庄內遊佐町農協進行研修訪問以來，這項活動已經成爲每年不可或缺的盛事。繼稻米的合作之後，庄內產的西瓜、美濃瓜、大蒜、紅蘿蔔甚至於年糕，都陸續成爲合作社員們的最愛，而這塊環抱在日本海與鳥海山之間的美麗大地，更深深吸引著久居都市的社員們，渴望著每年能夠有機會一親芳澤。爲了讓彼此能加深瞭解，每年的交流會都依照農產品別分成各小組，有的人觀察西瓜長在沙丘上的模樣，有的人則捲起褲腳下田，學習插秧或除草，晚上還分別接受各寄宿家庭的招待，這些點點滴滴，都成爲社員們回到社區之後最好的宣傳材料。

此外，只要各地的消費委員會或支部委員會，有意到任何產地或現場參觀，在不影響生產者作業的情況下，合作社連合會都會居中負責協調，在筆者的實習期間，也曾經隨團參與數次「產地見學」活動，其中位於東京新宿區的小野田製油所，最讓人印象深刻。若非是自己親眼所見，實在難以相信

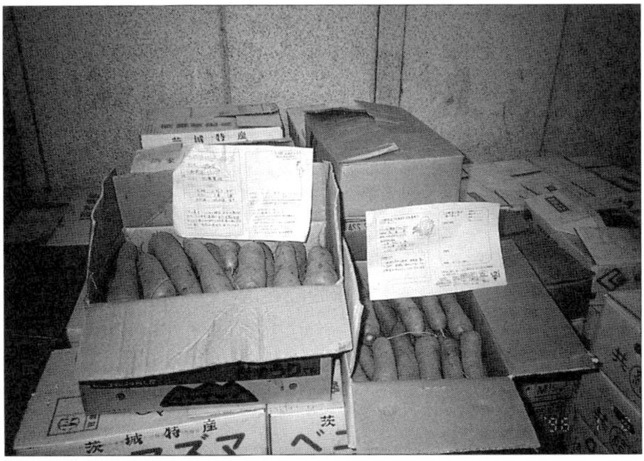

為了讓每位生產者對自己的產品負責，每箱農作物的箱子裡都會放進一張記載著姓名、產地跟栽培近況的「生產者卡片」，班員們的意見也可以寫在卡片上，直接回擲給配送中心。

在每日往來人潮高達百萬以上的新宿車站附近，竟然還有這種戰前的老式麻油工廠，而且廠主還堅持使用源自江戶時代的傳統榨油法——玉締法，這種方法至今恐怕已絕無僅有，現今一般的製油工廠，普遍都使用高溫高壓的榨油方式，只求榨取最多的油脂，至於營養與風味的破壞，則不在生產者的考量之中。而小野田則是先將芝麻用柴火慢炒之後，再以低壓取得的「一番榨」做原料，當參觀的媽媽們看到過濾雜質的和紙過濾器時，簡直懷疑自己是否回到了三百年前的江戶時代，誰都想像不到自己吃的麻油竟然是如此慢工細活做出來的，而榨過油的麻渣，生活俱樂部也回收作爲養雞的飼料，如此種種的細心安排與匠師般的精神，相信一定在所有參觀者的心目中，留下了最深刻的印象。

除了前面所提到的，消費者直接到產地參訪的活動之外，生活俱樂部也會在每年的秋天，安排一場全國性的大型活動，讓終年繁忙的生產者，在秋收農忙之後，有機會到社員們生活的社區來拜訪，這便是每年十月左右舉行的「鮮活生活祭」！到了每年的這一天，各地的社員們便會

小野田製油所的正門

用共同購買衛生紙箱排出來的迷宮陣，是孩子們的最愛。

借用社區裡最寬廣的公園或空地，讓來自全國各地的生產者們，與社員們進行面對面的交流，順便帶來他們今年最豐富的收成與社員們分享。而在地的社員們，也不會錯過這個向社區民衆推銷生活俱樂部理念的大好機會，各委員會的幹部們往往爲了這一天，挖空心思、費盡苦心，只爲了創造更吸引人的好點子，所以置身在會場中，誰都會懷疑自己是否誤闖了一場嘉年華會，會場的一角可能是用衛生紙箱排出來，孩子們最喜歡的迷宮陣，旁邊則是媽媽們最喜歡的跳蚤市場，會場正中央的舞台上，一齣爸媽跟孩子們合演的舞台劇正粉墨登場，別以爲只有這些把戲，除了四周好吃的熟食攤位之外，農產品委員會的媽媽們，竟然還在場內辦起小小遊行來了，高舉的牌子上寫著「保護我們的糧

連爸爸們也來加入演出的行列，諷刺現今日本企業戰士只顧工作，絲毫未盡家庭責任的問題。

食產地——庄內」、「二十一世紀是農業復興的時代」，志滿氣昂的態度看了讓人覺得明天充滿了希望。

不過到了一九九五年，生活俱樂部為了因應日本國內外大環境的轉變，決定拋下組織之間的藩籬，與其他推動有機農業的團體、農協等合作，在全國各地擴大舉辦第一屆「生命之祭」，用團結的力量來對抗日益成形的WTO危機，以及漫無止境擴張的跨國企業。而筆者亦恭逢其盛，在神奈川的橫濱開港紀念館內，參與了這一場盛會，會中除了有消費者與生產者、學者各界的面對面座談之外，最引人目光的，應該是開場時那場氣勢雄渾的太鼓演奏，剛走進大禮堂的時候，筆者還以為是弄錯了地點，一聲聲幽遠沉靜的鼓聲彷彿要直扣人的心扉，向上望了望布幕橫幅，才確定自己不是誤闖了音樂會場，後來靜下心來細細思量，才猛然體悟到主事者的苦心安排，這一聲聲逼近心跳的鼓動，不就是生命力最佳的象徵嗎？而且在這個生產者跟消費者齊聚一堂的時刻，本該有樂聲相伴如許，每一年所有的同伴齊聚一堂，一起唱歌跳舞，共同分享這一年來的喜與悲、笑與淚，這不就是人生最美好的境界嗎？從那一刻起，自己才真正覺得體悟到生活俱樂部的精神。

正是這場撼人心弦的太鼓演出，讓筆者體會到產消一體的感動。

⑥

# 「身土不二」的農業觀

這是多麼諷刺的事情！

全世界國民平均所得最高的國家，

居然會面臨飢荒的危機？

然而這卻是千真萬確的事實，

因此日本有些有識之士開始主張，

糧食是一個國家生存的命脈，

沒有適用自由貿易原則的道理。

這也正是生活俱樂部對於農產品的基本政策——

以國內農產品為第一優先。

回顧這二十多年來，生活俱樂部推動蔬果農產品共同購買的來時路，如果要用最簡單的一句話，來描述她們的做法跟精神，應該就是「身土不二」這四個字，意思是說人和土地關係親密無

全日本最大的農產運銷集散市場——東京大田市場，在這一片農作物的大海中，人與人的情感與信任被徹底稀釋了。

比。其實這句話並非日本人所原創，而是韓國古來所流傳的俗諺。台灣的農訓協會與韓國的交流也頗為密切，在他們出版的《農訓》雜誌上，也經常可以看到這句格言。

西方人也有句話說——「你就是你所吃的！」其實這兩句東西方的智慧結晶，含意並無不同，都清楚地說出人類跟食物、土地之間的緊密關係。然而在工商業發達之後，生產食物的農業（廣義地包含漁林牧業等），卻因為創造的經濟效益不及工商業或服務業，而被主流社會狠狠地打入冷宮，這種情形無論在日本或台灣，都相去不遠。尤其最近世界貿易自由化的話題甚囂塵上，幾乎成為全球注目的焦點，而其中對日本或亞洲國家等打擊最大的部分，莫過於農產品開放自由進口的政策。

以美國爲首所主導的貿易自由化政策，乍聽之下似乎頗言之成理，但是深入探究，卻發現這是人類從未嘗試過的危險遊戲！有一個再簡單不過的道理，可是卻被現代人徹底地遺忘，那就是我們人類所吃的任何一粒米、一株胡蘿蔔，甚至於一條魚、一顆蛋，都來自於我們腳下的這片大地，沒有了土地，偉大的人類連維繫生命所需最簡單的氨基酸也造不出來！

可是美國人卻爲了平衡自己與他國之間的貿易逆差，拼命施壓要求他人開放農產品市場，除了日本之外，這個舉動也引起歐洲諸國的強烈反彈。或許有人會覺得奇怪，既然日本靠汽車、家電賺了美國那麼多錢，買點美國的麵粉、水果也不算什麼嘛！然而這正是現代人最危險的錯誤觀念，沒有農業生產經驗的人，往往習慣用工商業生活的概念來思考，想開一家小吃店，只要到銀行貸點款，或是起個會，接下來找個合意的地點，打點打點料理設備，差不多就大功告成了！想開工廠，或許資金上的壓力大一些，不過如果能找到幾個股東或金主，找些投資顧問公司來計劃計劃，甚至於前進東南亞或中國，把勞力成本降低下來，想生產出物美價廉的商品也並非不可能，但是農業生產的做法卻截然不同。

最近筆者也親身嘗試稻米跟若干蔬菜的栽培，結果只得到一個結論，種植作物的是老天而不是人！其實這點中國的古人早已透露出來，也就是「橘越淮而爲枳」的道理，即便是同一種作物，離開其原生的地點，生長的情形便會發生絕大的不同，而且受到氣候、土壤及水分的限制，許多作物只能夠生長在有限的地區。人類的祖先花費了千萬年的時間，才摸索出眼前的農業栽培方法，一旦今天為了經濟上的理由，自外國進口糧食，放棄國內的糧食與作物生產，有朝一日，當這些農產出口國因為天候異變減產或欠收時，日本等進口國恐怕就要面臨飢荒的威脅！而那時原本用來生產稻米的農地，恐怕早已變成高樓大廈，或是荒蕪遍野、無法耕種了！

這是多麼諷刺的事情！全世界國民平均所得最高的國家，居然會面臨飢荒的危機？然而這卻是千眞萬確的事實，因此日本有些有識之士開始主張，糧食是一個國家生存的命脈，沒有適用自由貿易原則的道理。這也正是生活俱樂部對於農產品的基本政策——以國內農產品為第一優先。其實近半個世紀以來，日本國內糧食生產一路下滑，以熱量標準來計算，現在的自給率大約僅百分之三十，弔詭的是拼命要求輸出農產品的美、加、澳等西方國家，其自給率竟然高達百分之百以上，連歐洲的英、德、瑞士等也在百分之七、八十之譜，可見各已開發國家確實有這方面的先見之明，但遺憾的是對其他國家似乎存在著雙重標準，光是這一點便難以服眾人之口。

回顧生活俱樂部的農產品共購歷史，正是一頁保衛日本國內農產品的奮鬥史，從最早透過農協訂購特定產地的果菜或根菜類作物，到後來與在地農友的合作關係，所推演出來的都市農業保衛戰，生活俱樂部足足花了十年的時間，才摸索出較為穩定的蔬果供應系統，最重要的在於社員與生產者之間的直接溝通，面對面地討論產品的規格、品目，並以保障生產者的一定收益與風險成本，作為訂定售價的基礎，這些都是迥異於主流市場的做法。

除了農產品的直接購買之外，更重要的是對都市農業的重新評價，儘可能消費自己身邊農地所生產的食物，不僅能夠確保其安全性，而且也爲狹隘的都市環境，留下難能可貴的綠地空間，在急難來臨的時候充作避難之用，同時對孩子們的教育，也有深遠的影響。目前與東京生活俱樂部合作的在地農友大約有一百餘位，社員們固然強調蔬果的安全性，但是卻未盲目地追求「有機」、「無農藥」的品牌，而是與生產者開門見山地討論之後，以栽培過程的透明化爲最高原則，否則，打著「純有機」招牌的美國、菲律賓甚至馬來西亞農產品，未來可能毫無顧忌地在日本大行其道，如此將對日本農業造成沉重的打擊，絕非日本消費者之福，這也是生活俱樂部始終強調「地產地消」（在地產品，在地消費）以及「產地直銷」的道理。

隨著現今國際農業環境的丕變，生活俱樂部也感受到單靠共同購買的運動，已經有緩不濟急的危險，所以在一九九三年提出「民間農產市場」的計劃，由生活俱樂部、生產者組織及物流業者，共同出資成立一個獨立於主流之外的農產品流通管道，建立獨有的價格及規格等制度，除

殘存的都市農地，無論在教育、生態及遊憩上都有極重要的功能。

自給市場是山梨縣生活俱樂部為了實現「地產地消」所激發出的創意

了供應生活俱樂部社員的所需之外，同時也透過這個管道，將生活俱樂部的農業理念散播給更多的生產者與消費者，形成一道更有效的日本農業保衛網。除此之外，生活俱樂部也成立一項農業基金，鼓勵農友勇於開發新的農法，並保留在地的傳統種源，在遭遇各種風險時，能夠緊急取得經濟上的援助，這些都是前所未有的大膽嘗試。事實上，在一九九九年的九二一大地震之後，生活俱樂部也在第一時間，捐助了一百萬圓給台灣主婦聯盟共同購買中心的合作農友，充分表現出人飢己飢的精神。

日本、韓國或台灣，事實上都面臨著相當類似的農業問題，耕地狹窄，人口稠密，農業人口老化，但卻擁有極高的國民所得，因此自然成爲進口農產品叩關的第一站。可

或許這種地產地消的在地自給市場，將是跨國企業集中管理型農場弊端的終結者也說不定。

是筆者卻未曾在日本見到農地求售的熱潮，許多韓國農民仍舊積極研究新式的栽培方法，與日本或亞洲各國進行交流，在這些場合上，無論筆者如何尋尋覓覓，似乎總是找不到台灣的代表，那種感覺是被人遺忘的無奈。無論時代如何改變，人類的生活怎樣變遷，可以確定的一件事情是，農業是永遠不會被淘汰的一項產業，或者該說——永不會消失的一種生活方式，這個世界上沒有拋棄人類的大地，只有離棄土地的人民，生活俱樂部所堅持的「身土不二」這句話，正是人類祖先代代流傳下來的警惕。

## 憶當時

渡邊久美子（原東京生活俱樂部町田南支部農產品委員長）

農產品委員會最主要的工作，就是提高大家的使用率。要達到這個目的，其中最重要的一項工作，便是妥善處理社員們的苦情抱怨。例如「今天送來的葉菜上有好多毛毛蟲！葉子都被吃得像蕾絲一樣呢！」、「這次的菠菜實在大得太誇張了啦！簡直就像棵菠菜樹哩！」、「菜頭裡面怎麼會有好多黑色的小洞！」等，諸如此類的社員抱怨可說從未間斷，每次接到這樣的電話，我們這些辛苦的農產品委員就得忙著到現場鑑定，簡直就快變成苦情的處理專線。本來當社員收到故障品的時候，只需要立刻向中心回報即可，專職人員會馬上決定退貨、補送或者退款，可是農產品本身受到季節、氣候跟生產方式的影響，外型本來就會有很大的變化，跟工業產品完全不同，因此要分辨是故障品或者是社員個人的抱怨，實在非常困難！而且像芋頭等根莖作物，本來就比較耐貯藏，等到送到之後好幾天，社員一刀切下去才發現有問題，這時就更麻煩了！

在農產品委員會上，我們經常會把從社員家中借回來的「苦情」蔬果，拿出來給大家比較，有時也拍照存證，拿給辦公室或生產者參考，同時也詳細紀錄下形狀，留作以後檢討之用。如果是容易分辨的東西還好，萬一只是蟲咬的程度，有些人會體諒這是低農藥栽培的結果，可是有些人卻根本進不了口！用什麼樣的方式進行溝通，達到雙方都願意接受的結果，可是最最高難度的工作！

而且我們對於在地的農產品，訂有一個「吃個精光，毫不保留」的政策，因此跟市場流通的規格完全不同，必須以生活俱樂部獨特的標準判斷才行。受到颱風或乾旱的影響時，還必須隨時調整出貨的規格。有時在社員的期望跟產地的現場條件之間，難免會出現莫大的落差，而各個農產品委員會之間，必須為此頻繁地交換意見，並蒐集各種產地的情報，以便進行檢討跟判斷，耗費時日也確實在所難免。不過為了地球的環境及糧食生產的將來，以及以世界性的觀點來思考農產品問題時，不難發現，現在由物流業界主導的化肥、農藥依賴型市場規格，根本不足以用來衡量我們的農產品價值。

有一天，家裡發生了件有趣的事情！深夜裡，原本睡在我身邊的女兒，突然用力地拍打我的棉被，還一邊大聲喊著：「高麗菜爛掉了啦！」猛然驚醒的我定睛一瞧，卻發現女兒睡得正熟呢！我知道了！一定是委員會的事情！有時我到各地生產者的農田去拜訪時，苦無地方抱怨的社員也會打電話到家裡來，這個姑娘一定是接了太多這類電話，才會帶進睡夢裡吧！說來有趣，我們家的三個女兒，個個都比我挑嘴，只要有化學調味料或是防腐劑，一吃就知道！她們三個都說最喜歡生活俱樂部的東西，這讓我安心許多，不過她們倒是不忘強調，結婚之後還是要參加生活俱樂部，可是絕對不想當什麼委員不委員。

（摘錄自《生活接力賽——社員幹部老鳥記錄集》，東京生活俱樂部出版。）

# 九 由共同購買邁向全面性的生活

從六〇年代到九〇年代，
無數精采的歷練，
使這群小女人化身變爲溫柔的鐵娘子，
同時也讓她們從荳蔻雙十走到了鶴髮蒼蒼，
隨著生命旅程自然的流轉，
她們的視野逐漸拉遠、放寬，
在如何「生」活得更好更健康之外，
接下來更要緊的，
是怎樣凝聚衆人的力量與智慧，
幫助自己更泰然地面對必將到來的「老」、「病」與「死」，
爲這首動人的生活者交響曲，
譜上最精采的完結篇。

1

# 社區紮根的基地——迪坡（Depot）

星期一鮮魚日，星期二西瓜日，星期三豬肉日……

媽媽們從市場上請來專門殺魚的師傅，

為她們處理進倉的現撈魚獲，

聽著師傅一聲聲吆喝著，

順便教年輕的媽媽們怎麼料理出最好吃的魚湯或沙西米，

那種熱鬧、親切的感覺，

一如早期台灣的傳統市場……

八〇年代是物流零售業界的戰國時代，六〇年代大量出現的超市、量販店，受到連續兩次石油危機的重大打擊，消費者的荷包普遍緊縮，而許多消費合作社為了與超市競爭，紛紛模仿大型賣場的方式，企圖與連鎖超市一較長短。然而向來特立獨行的生活俱樂部，還是不願附和流俗，在各大消費合作社紛紛棄守「社員主權」的底線，只求組織本身生存的同時，生活俱樂部卻提出了「由共同購買邁向全面性的生活」的方針，以「政治代理人」、「W.Co.」以及「迪坡」爲合作社經營的新三角錐體，不僅繼續堅持共同購買的立場，而且希望將合作社的自主營運、利用、出資的觀念，普及到社區生活的各個面向，這股「逆勢操作」的勇氣不得不讓人欽佩。下面就來看看「迪坡」——一個不像店鋪的店鋪、眞正由社員自己經營的社區雜貨店。

「迪坡」（depot）其實並非日語，而是來自法國的外來語，本來的意思是指取貨站或倉庫。進入七〇年代後半以來，生活俱樂部的社員們逐漸培養出「自主營運，自主管理」的精神，在社會運動的領域也頗爲活躍，但是共同購買的運動母體卻開始出現警訊，新社員入社率在七七年達到百分之五十三．七的頂點，之後便逐步下降，到了一九八一年只剩下百分之三十九．六，而每年的社員退出率也高達百分之二、三十，這對於強調集結消費力量的生活俱樂部而言，是一股莫大的壓力。加上八〇年代初期，神奈川方面驅逐合成洗潔劑直接請求運動的挫敗，大家開始檢討如

位於公寓一樓頗不顯眼的「迪坡」，卻是生活俱樂部進軍社區重要的灘頭堡。（神奈川縣宮前平）

五花八門的生鮮蔬果，畫龍點睛地道出「迪坡」在消費材供應上的特色。

何突破這個困境，此時「社區取貨站」的概念浮上檯面。

由於受到共同購買配送機制的限制，當時生活俱樂部所能提供的品目多局限於乾貨、加工食品或冷藏冷凍食品，至於蔬果、魚類、肉類以及豆腐等生鮮易腐品項，則成爲社員們可望不可及的稀有貨色，因此「迪坡」的重點一開始即設定在生鮮品項的供應上，藉以彌補班配送的不足，同時擴大生活俱樂部的吸引力。此外，爲了維持共同購買的精神，重點組織區域內的社員仍須維持班的組織。不過，雖然生活俱樂部不斷強調「迪坡」是由社員共同經營的社區取貨站，但是除了少數品項仍維持預約共同訂購的方式，絕大多數的消費材仍接受開架式的自由購買，因此基本的賣場陳列及倉儲控管仍不可避免，而這對於向來只懂得組班與配送的專職人員來說，無疑又是一場大挑戰。

在許多老社員的印象中，「迪坡」剛開幕時簡直就像是一間灰灰暗暗，看來有點雜亂的「雜貨店」，原來在剛起步的實驗階段，每家「迪坡」預定配置的專職爲三名，專職人員力有未逮的部分才由W.Co.「人人」或社員的義務勞動來分攤，結果淒慘的下場可想而知。自從一九八二年十月，第一家「迪坡」在橫濱市綠區開幕以來，三年內共有十二家「迪坡」開張，結果卻赤字連連，甚至還成爲生活俱樂部經營上的負擔。在一九八六年之前，組織內部爲了「迪坡」的「持續或撤退」問題，不知進行了多少次的討論，甚至像川崎市幸區的「迪坡」，便在當地社員們完全喪失鬥志的情況下，不得不宣告關閉。

不過「迪坡」的成立，的確吸引了許多原本不便參加共同購買班的人，但是僅有的自有產品，根本鋪陳不出大賣場那種誘人的氣勢，即使小如一般的便利商店，至少也有三千到一萬項品目，相形之下，生活俱樂部區區幾百種的消費材，根本連一個貨架也鋪不滿，這可說是店舖型與班訂購型之間，最大的不同處。再加上專職及W.Co.成員，對於生鮮倉儲及進出貨管理，完全一竅不通，許多鄰近小型有機農場所送來的新鮮蔬菜，在一再的折騰下，往往淪爲廉價拍賣的「菜乾」，有時爲了強調在地有機栽培，在缺菜時期貨架上往往空無一物，有些「迪坡」見到冷藏豬肉受歡迎，一時興奮竟然錯下訂單，一次訂了整年份的量，結果只好通通扔進冷凍庫，變成「冷凍豬肉」慢慢出清，光是這些營運不善所造成的損失，就不知道有多少，曾經歷過那個階段的生活

「迪坡」裡的「鮮魚市場」另有一種摩登中的古樸風味

俱樂部伙伴們，想起這些恐怕都還餘悸猶存吧！

爲了解決「迪坡」經營的困境，「生鮮計劃」終於在一九八五年正式起步，由專職人員及「人人」的代表共同推動，最重要的精神在於強化「迪坡」在生鮮品項上的優勢。首先是除了不穩定的有機農產品之外，透過果菜市場取得特定產地的優質農產品，只要是國產而且好吃的水果，都可以進入「迪坡」的貨架，以免在有機農產品的「空窗期」，社員們必須面臨「回家吃自己」的下場。此外，每家「迪坡」都擬出自己的「功課表」，例如星期一是鮮魚日，星期二是西瓜日，星期三是豬肉日……等等，在固定的日子裡，配合當季的時令，推出特定的品項加強宣傳。例如在夏天裡，便特別強調西瓜的盛產與美味，如果是近海魚汛接近的季節，便以「現撈仔」來吸引社員們的注意，這種做法不僅生動有趣，而且彌補了共購配送的不足，利用「迪坡」的空間進行更優質的理念與文化傳播行動。筆者曾經在一九九五年年底，在宮前平「迪坡」實習了兩個星期，那種感覺簡直就像進了菜市場的大觀園，一會兒秤橘子，一會兒切南瓜，人手不足的時候還得幫忙補貨上架。不過最有趣的還是「鮮魚市場」，在這個每週固定的日子裡，媽媽們從市場上請來專門殺魚的師傅，爲她們處理進倉的現撈漁獲，而筆者的工作便是將去鱗、清除腹內的尾尾鮮魚，用保鮮膜漂漂亮亮地包裹起來，然後擺到冷藏櫃上去，聽著師傅一聲聲吆喝著，順便教一些年輕的媽媽們怎麼料理出最好吃的魚湯或沙西米，那種熱鬧、親切的感覺，總覺得跟台灣的傳統市場有些神似。

　　爲了避免W.Co.與一般購買社員形成「賣方」與「買方」的刻板關係，「迪坡」還特別設計了「工作制度」，鼓勵社員們到現場參與工作，一次兩個小時的「工作」，可換算成購買時的優惠折扣，如此一來，不

不耐久藏的天然消費材，便在「人人」成員的巧手下，化身為一道道美味的熟食。

僅可讓更多不同背景的社員意見參與進來，同時也讓大家感受到這是眞正屬於自己的社區取貨站。這種看似無厘頭的經營方式，甚至也感動了生產者，供應麵類的共生食品三澤先生，他的看法或許正代表了大多數生產者的心聲——「我覺得迪坡與生活俱樂部，似乎有種讓人反思人生態度的神奇力量！它讓我感覺到，即使從社會、甚至於地球的觀點來看，每個人也有他的用處，而且最重要的是活過之後絕不後悔！我最難忘的是，從前自己總是用二分法來看待生產者跟零售業者，只要是生產者就是好人，而業者就是暗地裡偷偷摸摸搞把戲的傢伙，其他的消費合作社也讓我有這種感覺，直到跟生活俱樂部來往之後，才讓我徹底拋棄這種偏見！」

由於「迪坡」的店鋪型共同購買方式，逐漸走出與生活俱樂部不同的道路，而且社員及W.Co.的成員們，已經培養出成熟的自信心，於是乎在一九九一年，十餘家「迪坡」跟一萬多名社員，終於正式跟生活俱樂部說再見，踏上「獨立」、「分家」的新旅程，新合作社的名稱就叫做「Community Club」，直接譯成中文，或可稱爲「社區俱樂

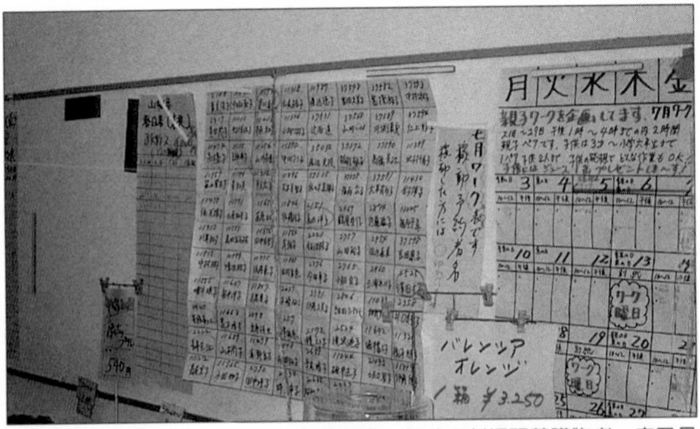

張貼在牆上的大尺寸「工作」時間分配表，無時不刻提醒著購物者，自己是合作社大家庭的一員。

部」。在這裡不僅可以買到最新鮮安全的食物，由W.Co.所製作的外送便當，更是社區裡的獨居老人，或者來不及爲孩子送中餐的媽媽們的最愛，有空想跟朋友聊聊的太太，也可以利用W.Co.所經營的小茶館，在親切、熱鬧的氣氛中，耗上一整個下午。相信有許多朋友，對於小時候常見的雜貨店，還有種莫名的懷念，因爲那不只是一個賣東西的地方，同時也是社區民眾歇腳、聊天的好去處，然而在連鎖超市的龐大壓力下，這些阿公阿嬤店一間間地關門，就像都市裡人心的門窗也一扇扇地關上。面對著眼前的高齡社會，年輕的一代大概難以體會那種在住慣了的社區中，卻無處可去的苦處，父母們也不再相信，社區鄰里對孩子教育的重要性，就像從前我們在抽糖果店裡，所培養的那種屬於孩子們獨有的人際關係吧！畢竟「一次購足」的量販店，是爲了年輕力壯的有車階級所設計的，這群社會舞台上的主角，創造出一個工作、生活與個人徹底分離的社會，卻從未考慮到像老年人、孩子們生活上的需要，更沒想到這種缺乏人性的對待，總有一天會降臨到他們的身上！這群創造「迪坡」的日本女性，正是對這種扭曲、自私的現象，提出最直接抗議與改變行動的一群，儘管直到現在「社區俱樂部」消費合作社的經營仍未打開僵局，但是她們的所作所爲，已經值得這一切的喝采！

2

# 互助合作的市民保險——共濟制度

生活俱樂部的「Ecolo共濟」，
終於在一九八六年七月順利起步。
Ecolo是義大利文「請，別客氣」的意思，
也就是說，任何人都可以輕鬆利用之意，
而義大利正是共濟制度的發源地呢！

「人有旦夕禍福，月有陰晴圓缺」，生活在現代的工商業社會中，一出門便得面對車水馬龍的街道，大小交通事故已經變成了「非新聞」，即使乖乖坐在家裡頭，使用各式各樣的電氣用品，一不留意也很容易造成傷害。如果再加上生老病死的人生階段，人類簡直無時無刻都面對著不可預料的命運，在過去大家庭的時代，親子堂表之間的相互扶持，是解決這些問題的唯一依靠，然而現代社會以小家庭爲主，這個問題便落在僅有的家庭成員身上，因此各項公民營保險，似乎已成爲現代人唯一的依靠。

以民營企業的保險制度而言，當投保人因意外受傷或蒙受損失時，金錢是唯一的補償手段，例如入院醫療補償金或失竊賠償金等，但是當主婦眞的生病或入院時，其實她們內心最牽掛的，應該是沒有人能照料孩子或家人的生活，花錢請菲傭也不是最好的辦法，有時眞正需要的，只是有個人能幫忙接送孩子，或是準備孩子的午餐罷了！過去鄰里往來密切的時代，這種事情或許不是問題，但是在人與人關係越來越疏離的都市叢林中，在緊急時幾乎找不到任何可倚靠的人，最後的希望只剩下金錢，但是錢又不見得符合每個人眞正的需要，因此生活俱樂部的媽媽們想出了一個「實物給付」的方法（以實際勞務取代貨幣媒介），來解決自己的問題，這就是「共濟制度」的登場。

在她們所提出的「有關共濟制度的建立」草案中，有這麼一段話——「當我們在日常生活中發生意外時，絕大多數的問題都用『金錢』來解決，其他幾乎沒有任何取代的標準，這便是一切事物都以『金錢』換算的社會。民間的保險公司便利用這個弱點，灌輸我們凡事皆以『金錢』解決的觀念，將每個人的『不安全感』商品化，使人類天生的互助合作精神逐漸解體。」

其實共濟制度在日本社會中，是一項甚為普遍的社會保障制度。相對於分類極細的各項保險商品（壽險、火險、意外險……等），共濟制度保障的範圍較廣，從孩子出生、入學的祝賀金，到意外傷害的醫療補助等，都包含在內，像「共濟生活協同組合」便屬於合作事業的範疇。因此一般的消費合作社也多一併經辦共濟事業，不過「實物給付」的觀念卻是生活俱樂部的獨創，由於

間のこころが織りなす
垢の力づよい
遠のシンフォニーだ
共済は
そこに誕生し
育まれてきた
中國古老的俗語──「同舟共濟」，在日本的「共濟制度」中具體實現。

高齡化社會的來臨，生活俱樂部在起步之初，便希望創立一個能解決老年人生活問題的制度，參加的對象不僅限於合作社的社員，同時也是社區民眾都能利用的「生活道具」。

不過這個構想一開始就碰了壁，原因在於日本的「消費合作社法」。生活俱樂部原本希望建立一個全國性的共濟連合事業，無論身處哪一個縣份，成員都能夠得到相同的保障，義務與權利完全相同，可是這個想法卻與現行的法規嚴重牴觸。除了主管的厚生省所要求的兩萬名參加者的底限，東京都政府的規定也十分嚴格，這些公務員根本無法接受「實物給付」的觀念。最後東京生活俱樂部只好與「全國勞動者共濟生協」（全勞協）合作，由東京單位社接受全勞協委託的方式辦理，至於「實物給付」的部分，在多次往來折衝之後，終於取得主管機關的妥協，每件給付的換算金額在五萬圓以下，行政單位便不介入干涉，但是若有問題或糾紛發生，政府方面不負任何責任。

經此一波三折之後，生活俱樂部的「Ecolo共濟」（Ecolo是義大利文「請，別客氣」的意思，意喻誰都可以輕鬆利用之意，而義大利是共濟制度的發源地）終於在一九八六年七月順利起步，參加的社員人數有一萬九千多人。社員加入「Ecolo共濟」之後，除了在生病、入院、生產、殯葬或受災時，可領得若干共濟金之外，還可以申請自己想要的共濟服務，其中共濟金的部分，屬於全勞協共濟的保障範圍，而共濟服務的提供，才是「Ecolo共濟」的自有事業範圍，服務還可分成兩種——「生活保障」與「活動保障」，簡單來說，當參加者因病入院時，照顧家人飲食與孩子們的生活即屬於前者，至於共同購買貨款的遺失賠償等則屬於後者。

不過提到「Ecolo共濟」，絕對不能漏掉的是「家事介護W.Co.」，在生活俱樂部運動未來的發展上，W.Co.的確扮演了不可或缺的角色，無論是「迪坡」、「Ecolo共濟」或市民肥皂工廠，這一群群的元氣娘子軍可說無所不在，事實上這也正是「自己思考，自己行動」的終極表現。一般家務的料理或孩子的接送，需要服務者必須自行找到協助的班員或社員，之後再由該協助者的共購款中扣除相對應的「照護金」，但如果家中有需要特別照護的重殘者或癱瘓高齡者，就必須提出申請，請求經過訓練的「家事介護W.Co.」來協助，讓有事無法親自照護的社員能安心休養或遠行。

以神奈川方面爲例，一九九六年時全縣共有九十個W.Co.組織，而「家事介護W.Co.」等福祉相關者便佔了四十三個，可見這方面的社會需求的確不可小覷。

儘管目前「Ecolo共濟」仍舊屬於生活俱樂部社員們的專利，由內部的共濟委員會負責管理，但是無論是東京、神奈川或埼玉等方面的生活俱樂部，都各自採取不同的方式，希望將這種超越「金錢」的互助合作方式，以及「實物給付」的生活保障觀念，推銷到生活俱樂部以外的社會，就如同代理人、市民肥皂工廠一般，成爲全體市民的「生活道具」。但因受到「消費合作社法」的限制，目前還無法順利摸索出轉型的方向，然而，正如神奈川前總務部事業管理室長稻葉先生所言：「現在沒有參加民營企業保險的人可說屈指可數，這代表絕大多數人對現行社會體制的不安，而事實也的確如此！如果我們再不努力，接下來將面對一個用錢購買福祉服務的高齡社會，對於買得起的人或許無妨，但是絕大多數的人都將負擔不起這種昂貴的服務，所以如何創造一個非單純用『金錢』換算的『互助合作福祉制度』，將是眼前最主要的目標！」

3

# 參加型福祉的起點——福祉俱樂部

福祉俱樂部真的打開了「施」與「受」的雙向大門，
任何人都能在自己年輕有體力的時候，
透過這樣的管道去為有需要的人服務，
當自己年老或臨時有急需的時候，
也能夠大方地開口請求別人的協助，
這不正是社會互助合作精神的具體落實嗎？

「現行的共同購買制度或許重要，但是我們期盼創造一種新制度，來紓解年紀逐漸衰老所帶來的不安全感！」——就是這句發自社員們內心的心聲，促使「福祉俱樂部」的誕生。

「福祉俱樂部」是在社員本身的實際需要下，由社員自行創出的生活道具。在二十一世紀中，日本即將面對四個人之中，就有一名超過六十五歲的高齡化社會，這是人類史上從未面對的狀況，日本的媒體也大力傳布這個消息，官方爲了因應此一不可避免的困境，早在八〇年代便積極

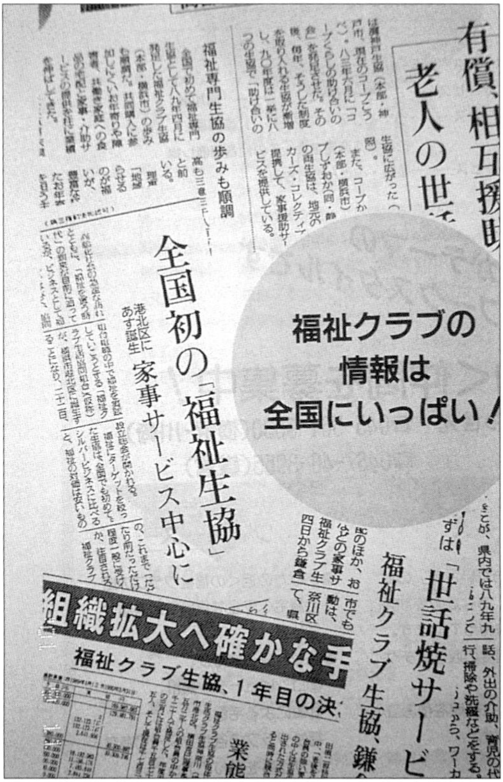

福祉俱樂部的成立，在日本國內也引起各界的廣泛注意與期待。

籌設各型的安養設施，培養大批到宅照護的家庭照護員，甚至還在二○○○年實施公辦的「介護保險」，但是這些以解決「老人問題」爲出發點的措施，卻讓生活俱樂部的社員難以接受。她們認爲「老化」是人類生命中，再自然也不過的一種歷程，爲何人一到老年，就變成一種燙手的「問題」，被迫搬離自己早已習慣的社區，住進那種宛如收容所的老人之家，難道就沒有辦法留在一草一木都再熟悉也不過的家裡，安心地頤養天年嗎？這個社會到底出了什麼問題？她們心中升起了如此的問號。

　　爲了解決這個切身的安老問題，將大家心目中的模糊概念化爲實際行動。早在一九八五年，神奈川生活俱樂部內部便對這個問題進行討論，一九八六年更確立了幾項基本的事業方針——一、當個人因爲身體不便或其他類似不得已的因素，無法繼續參加共同購買時，可直接個別配送到家。二、可派遣照護者到宅照料全身癱瘓的老人，或是協助產前、產後婦女及病人料理家務。三、建立社區的醫療網路。一九八七年正式展開會員招募的行動，翌年並以橫濱市港北區的三百個家庭爲對象，進行爲期一年的宅配實驗——這便是「福祉俱樂部」的前身。

一九八九年四月，「福祉俱樂部」消費合作社正式成立。福祉俱樂部具體的事業項目有三，第一是共同購買制度，其特色包括個人可以家庭爲單位加入，接受宅配的服務，訂購週期由一個月縮短爲一週，另外還籌組許多家事援助、照護、供食等多樣化的W.Co.，滿足社員們生活上的各種需求。第二是醫療健康網路的建立，藉由與社區醫師或診所的密切聯繫，提供社員們方便的疾病預防、諮商、診斷等服務，或者與「日間照護中心」合作，辦理各種介護講座或介護用具租賃服務，避免獨居老人的體能退化，淪爲全身癱瘓的下場。第三則是建立「利用設施」的網路，利用社員勞動互助合作的方式，建立多樣化的高齡

由於個別訂購的數量較少，每戶都有一個可供回收使用的摺疊配送箱。

個別配送的消費品分裝工作亦由W.Co.的成員們承攬

者照護或日間留院設施，這部分理想的實現，以「Rapo1藤澤」特別養護老人中心的落成為重要的里程碑，有關「Rapo1藤澤」在下一節將有詳細的介紹。

到了這個事業多元化開展的階段，生活俱樂部的運動主角已經由專職轉移到社員身上，說得更準確些，應該是轉移到W.Co.的身上。除了部分倉儲及配送業務之外，從分裝、宅配、家務協助到照護等活動，都有不同的W.Co.成員負責，像擔任宅配、收款、分裝乃至於對社員噓寒問暖工作的W.Co.，就有個可愛的名稱叫做「管閒事W.Co.」。其中還有個特別的「驛點」設計，每位「驛點」成員負責社區內十～二十位社員的宅配作業，而訂購額的百分之五·五則轉作「驛點」的勞務所得。此外，社員只要購買每小時六

開設於高齡住宅中，由福祉倶樂部所經營的福祉用品及資訊供應站。

百圓的點劵，便能夠得到「家事服務W.Co.」的妥善服務，而且「家事服務W.Co.」的成員能夠選擇接受每小時五百圓的報酬（其中的一百圓是W.Co.的營運費用），或是累積作爲將來申請服務的點數。

剛開始運作的時候，有些W.Co.的成員難免會抱怨，到申請打掃的社員家中一看，竟然比自己的家還乾淨，簡直忍不住懷疑這是哪門子的「社區福祉」，不過久而久之，深入瞭解狀況之後，才發現家家都有本難唸的經，有些人身心上的困擾，確實無法從外表上看出來，在這種社員與社員的綿密互動之間，雙方也建立起高度的互信關係，畢竟高齡者照護或家事協助，是登堂入室超越一般朋友或金錢買賣的「貼身」互動，如果沒有彼此的互信作基礎，再好的福祉理念也無法落實。

在筆者研修的過程中，便聽說在W.Co.宅配的經驗中，曾經有挽回社員生命的動人故事。原來有一位獨居的老太太，因爲糖尿病、高血壓行動不便之故，加入了福祉俱樂部的宅配系統，可是有天負責配送的媽媽發現，平常老愛在院子曬太陽的老太太卻不見蹤影，而且還大門深鎖，覺得情形不對的W.Co.媽媽便緊急聯絡消防隊，才將昏倒的老太太從鬼門關前救回，這個眞實的故事讓人深深體會福祉俱樂部的存在價值。雖然在剛接觸這個合作社之初，自己心中曾經產生懷疑，爲何連幫忙掃掃地，甚至找個跟老人家談天的伴，都必須用點券（金錢）來換算，這豈不是比民營的福祉產業還糟糕嗎？可是看著W.Co.的媽媽們勤奮忙碌的身影，還有在會議上認眞討論社員問題的表情，才恍然大悟，她們才是眞正擁有「大愛」的一群，從年輕到老，始終對人發揮著最大的愛心，只不過照顧的對象從家人擴大到社區、社會罷了！相對於政府或企業所提供的「要求型」或「消費型」福祉服務，福祉俱樂部員的打開了「施」與「受」的雙向大門，任何人都能在自己年輕有體力的時候，透過這樣的管道去爲有需要的人效勞，當自己年老或臨時有急需的時候，也能夠大方地開口請求別人的協助，這不就是一種互助合作的社會嗎？而且也是人人得以參與的「參加型福祉」的雛形，不是嗎？

4

# 預約自己的老年生活

每天早上九點左右，
「生活復健俱樂部」的專用車便會來家裡接送；
早上先活動活動筋骨，做做復健體操，
下午則是舒服又期待的泡湯時間，
三點過後，在互道珍重再會聲中回家，
一邊還哼唱著夕陽晚霞的「再見」兒歌哩……

相對於政治代理人運動起步較早的東京，或是以肥皀運動作爲運動主軸的千葉，乃至於堅持班共同購買始終如一的埼玉，神奈川生活俱樂部可說是最專注於福祉領域的一員。事實上，在看似旗幟鮮明，一呼百諾的生活俱樂部集團中，各地的組織都有其發展上的特色，這也是一個標榜民主精神的運動團體，最難能可貴的地方。下面就來看看神奈川生活俱樂部在建構「參加型福祉社會」道路上的各項挑戰與實驗。

神奈川的「Rapol藤澤」特別養護老人中心是參加型福祉社會的實現。

包括保健、醫療在內的福祉活動，最早在神奈川出現應該算是一九七七年的醫療專門委員會。成立的原因是一場探討現代醫療問題的演講，就生命安全的標準而言，適當醫療行爲的重要性，絕對不下於安全的食物，但由於醫療本身所具有的特殊性，病患本身往往居於被動的弱勢，這些媽媽們開始覺得有些不安，希望能設法改變這種現況。

不久，以開創「醫療的共同購買」之道爲目標的「醫療專門委員會」，便在神奈川誕生了！剛成立的醫療專門委員會可說是初生之犢不畏虎，旋即提出了三項主要任務，第一是辦理社員們的集體健康檢查，第二項是舉辦各類有關醫療健康的演講或讀書會，教大家解讀健康檢查的報告等，第三項則是在高津配送中心開設診療所的計劃，結果受到在地醫師會的反對，媽媽們也頭一次感受到醫界的專業高牆，確實高不可攀，最後只好轉向沒有這些規矩的漢醫領域，在高津中心裡設置名為「漢方堂」的針灸治療室。

一九七八年，東京方面為了慶祝十週年紀念，提出了創設「古平福祉會」的構想，也就是在北海道古平町設立一個肉牛牧場，提供社員們所需的牛肉，而這個牧場最大的特色，便是由精神病患所組成的「共動之家」（意指共同勞動）來管理。雖然這個計劃最後失敗，但卻是社員們思索社會福祉制度的開端。

八〇年代初期，高齡化所造成的各種醫療、福祉問題，開始在日本社會甚囂塵上，但日本政府拒絕採行北歐國家的高福祉政策，而且拼命宣傳日本與北歐的國情不同，福祉對策必須將重心放在家庭及社區上，這就是所謂的「日本型」福祉社會論。

在這種情況下，生活俱樂部的社員們開始思索，如何將合作社「互助合作」的力量，應用在福祉領域上。而共濟制度所導引出的「互助合作W.Co.」（也就是「家事介護W.Co.」的前身），正是建構「參加型」福祉社會的第一步。後來W.Co.的技術能力不斷提升，生活俱樂部終於決定在八七年十一月，正式籌資成立日間照護中心「生活復健俱樂部」，這所位於川崎市麻生區的照護中心，無論是癱瘓老人或無法自行處理排泄者，甚至於未滿六十五歲的社區居民，只要有意利用的人，都能夠隨時提出申請，這一點與嚴格限制使用資格的公立機構大不相同。

每天早上九點左右，「生活復健俱樂部」的專用接送車便會來到申請人的家門口，將需要照

在中心所發行的刊物上，可以見到高齡的長者們一張張滿足的笑臉。

護者接上車，等到所有人都到齊之後，大家先自我介紹，然後活動活動筋骨，做做復健體操，吃過午飯之後，是一段小憩的時間，下午則是大家最期待的泡湯時間，因爲對行動不便的高齡者而言，在家裡頭往往連洗個舒服的澡也很困難，在這裡有專門的介護人員協助，可說既安全又舒適。三點過後，大家便在互道珍重再會聲中回家，一邊還哼唱著夕陽晚霞的「再見」兒歌。當利用者全部回家之後，W.Co.的成員便開始討論一天的情況，某某先生或某某太太的情形如何如何，儘可能掌握每個人的身心狀況，以便與家人進行良好的溝通。除了所內的照護作業之外，中心還有專門調理高齡者餐飲的W.Co.，此外也同時供應鄰近居民的外送便當。更特別的是還附設有專門販售照護用具的專櫃，不消說當然也是由W.Co.負責規劃經營。

令人興奮的是，這項由生活俱樂部所提出的計劃，終於在一九八九年獲得川崎市政府的認可，得以接受「迷你日間照護事業」的地方政府補助款。九四年起更獲得市政府的直接委託，成爲B型日間照護中心，這是全國的第一號案例。同年一月，厚生省也正式頒布一道行政命令，表示各地方政府得委託適當的消費合作社經營老人日間照護事業，以及到宅介護支援服務。這證明了「素人集團」的實力，再度得到了外界的認同。過去曾經在北海道網走市特別養護中心擔任過主任，而今是「生活復建俱樂部」W.Co.一員的中山太太特別強調：「無論在這裡工作，或是到這裡接受照護的人，每個人都能表現出自己的個性，這一點最讓人印象深刻！在社會福祉工作的第一線，牌照資格或技術並非代表一切，設施本身營運的方針，以及每個工作人員的參與心態才是重點！」

一九九〇年八月的合作社理事會上，生活俱樂部第一次提出成立「特別養護老人中心」的提案，以此作爲神奈川生活俱樂部成立二十週年的紀念事業。不過，社員們的反應並不熱烈，由於這項計劃必須獲得官方的補助才可能實現，因此事業內容必須受到莫大的限制，結果導致各式各樣的謠傳四處橫飛——「爲什麼要成立特別養護中心？這不是政府該做的事嗎？」、「又想藉機出風頭了是嗎？」、「自己的社員不見得有機會利用，卻得花上十億以上的資金，這算什麼福祉計劃？」，理事會因此承受了不小的壓力。

「Rapol藤澤」內部潔淨明亮的休憩空間，讓人絕難想像這裡是一處老人安養中心。

當時參與募款的專職赤城先生，只好苦口婆心地到處解說，他堅持的看法是——「過去無論是垃圾分類或資源回收活動，我們都採取市民『參加型』的方式挑戰成功，接下來的福祉事業也不例外！官方主導的福祉事業只會蓋些好看的水泥房子，事業重點也偏重於硬體上，說實話，我們現在連什麼是『特別養護中心』也搞不清楚！然而『特別養護老人中心』卻是官方高齡福祉事業的主要措施，如果不能打開這個黑盒子，『參加型』福祉社會就沒有實現的可能，唯有吸引更多的社員參與建設與經營，才能瞭解如何活用公營福祉事業的優點。」

一九九二年二月，「生活俱樂部運動集團福祉協議會」成立，這個組織由神奈川生活俱樂部、社區俱樂部消合社、福祉俱樂部、神奈川W.Co.連合會及神奈川NET所共同發起，扮演社區市民與公民營福祉事業之間的溝通橋樑，也是生活俱樂部所提出的「參加型福祉社會」的協調中心。一九九二年五月，社員代表大會中正式決定，特別養護中心的建設地點落在藤澤市，這便是「Rapo1藤澤」的由來。而這所總面積約一千坪，三層樓高的鋼筋水泥建築，內部可收容五十床長期留院患者，以及二十名短期日間留院利用者的照護中心，所需的總經費高達十五億圓，其中有十億左右來自中央及地方政府的補助款，其餘則爲社員們的捐款及合作社的公積金等，如此龐大的費用，也難怪社員們剛開始會再三遲疑。儘管這項提案獲得了主管單位的許可，但是在關於設施經營及建物設計方面，官方的想法與生活俱樂部的「素人兵團」再度出現衝突。主管機關認爲這種重度痴呆患者的三餐飲食，以及生活起居的照護，怎麼可以讓一群普通的歐巴桑來處理，但是生活俱樂部卻堅持原案，希望由W.Co.來承辦這些業務，她們表示此舉絕非輕視專業，但是在每四個人就有一位高齡者的未來社會，這種依賴專家的做法已經不切實際，唯有社區「參加型」的做法才符

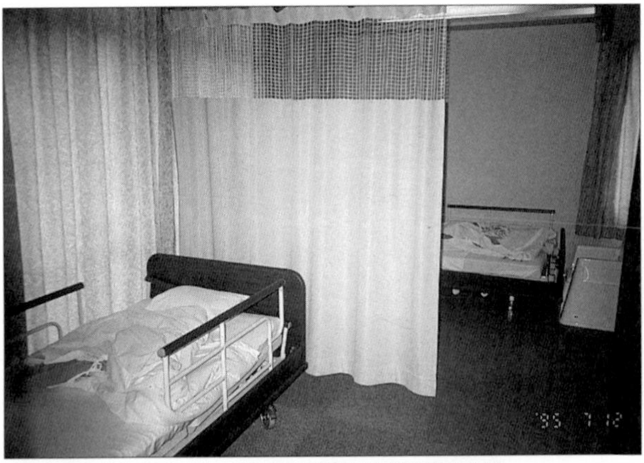


利用各種巧妙的設計手法，讓入居者能夠保持起碼的隱私權。

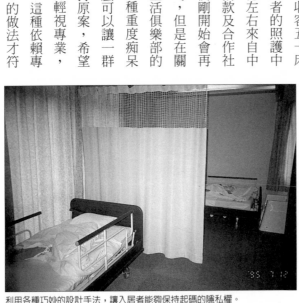

合現實的需要，最後官方終於願意以聘僱及委託經營的方式，變通地接受生活俱樂部的提案。

此外，在照護中心的樓層設計上，主管單位也有意見。爲了照護者工作上的方便，包括台灣在內，絕大多數的老人中心都採取開放或房間直通走廊的做法，這樣可讓照護者最容易掌握病患的情況，但相形之下也犧牲了居住者的生活品質及隱私權。生活俱樂部爲了讓這些長期入居者有家的感覺，特別設計了個人房、雙人房及四人房，以此爲一「家庭」單位，同時每單位還附設一個起居室，入居者可以在那兒閒適地看電視或聊天，儘管有人認爲這樣容易發生意外（因爲重度痴呆症的老人不見得能完全照料自己的生活起居），但是最後生活俱樂部還是利用各種補強的方式，完成這所全國獨一無二的特別養護中心。

反觀其他照護設施，只以照護者本身的方便爲考量，強調「處理」患者的效率（日本也曾經發生爲了避免病患吵鬧，強灌安眠藥或鎮靜劑的案例），「Rapo1藤澤」卻主張人性化的生活，活用入居者僅存

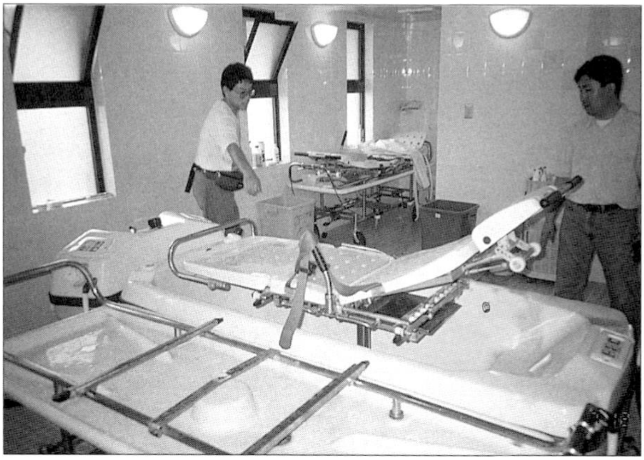

造價不斐的各式入浴器具，讓中度或重度癱瘓的高齡者，也能夠享受無垢一身輕的舒爽。

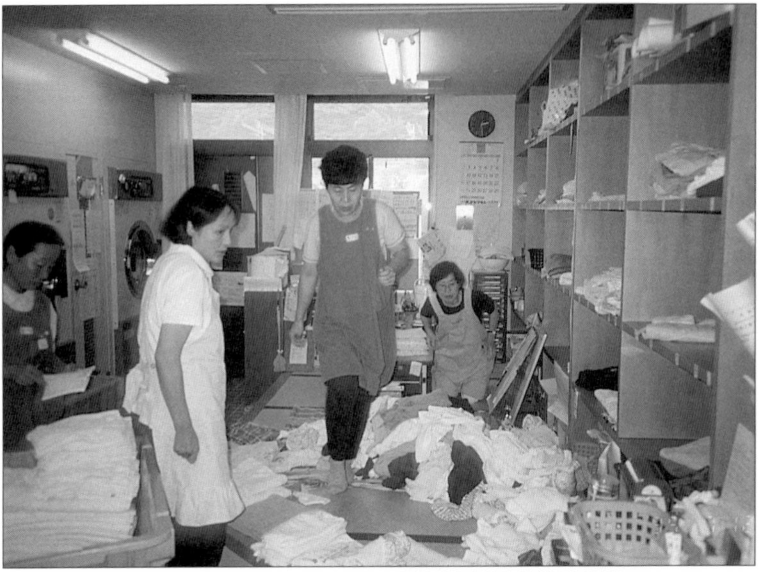

正是這一群忙碌的W.Co.成員，讓入居的老人們有輕柔舒暖的衣物和棉被可以替換。

的生活功能，而非強迫她們躺在床上（入居者有七成是女性），最終變成慢性癱瘓的下場。此外，從入居者的飲食，到所有衣物被單的清洗，都由W.Co.一手包辦。

回想起待在養護中心實習，每天睡在急診室床上的那個星期，筆者確實感觸良多，如此講究細節的人性化安養設施，什麼時候才能出現在台灣？難道我們只能永遠依賴慈濟人的愛心？或是等待像龍發堂那般的有心人發願？身爲二十一世紀的現代市民，我們唯一能做的就是相信自己，靠每個人「合作」的力量，改變我們自己的社會。

5

# 「協同村」——訂做一個都市人的新故鄉

無論大人小孩，
每個人簡直像荒地裡的野人一般，
完全拋開城市裡的束縛，
在古平町寬廣的原野上，
學著西部牛仔套小豬，
跟著成群的大豬小豬在野地上奔跑，
甚至帶著自製的地圖在山中探險終日，
在海岸享受村民熱情提供的海鮮鍋……
這些可不是隨便花錢就買得到的經驗呢！

年紀在四十歲以下的人，大多數會有一個共通的經驗，那就是童年時回鄉下的阿公阿媽家過暑假。在那裡，可以看到無數城市裡無緣得見的寶貝，也有永遠搞不完的新鮮把戲，像釣青蛙、放風箏、烘蕃薯、捉泥鰍、黏知了……對一個孩子來說，鄉下生活就像是個怎麼也探不完的險，在那裡學會了如何與其他生命相處，也學習到團體中服從與領導的藝術，許多大人終身尋尋覓覓的原動力，其實就在於原鄉的那幅田園景致，拌著菜根香的那些點點滴滴。可是這些人長大之後卻沒有想到，他們的孩子——在都市成長一代，距離故鄉、泥土已經越來越遙遠，如果阿公阿媽早些過世，甚至連唯一的聯繫也失去了，因爲再也沒有人會帶他們回去，回到那個曾經哺育爸爸媽媽、阿公阿媽，還有世世代代祖先的田庄。他們心中那尾小小的思鄉鮭魚，再也找不到可以回溯的生命之河，在他們的心目中，從小伴著他們長大，最溫暖的地方，或許就是麥當勞吧！

這個「原鄉失落」的問題，日本當然也走在台灣的前面。東京如今已是舉世聞名，人口接近兩千萬的巨大都會，而大阪、札幌、名古屋也都是數百萬人口的大都市，今天生活在都市的日本人，恐怕已超過百分之六十，即使是成年人，也無法無止境地忍受都市生活的緊張與忙碌，可是那些可憐的孩子們，打從出生之後，便生活在世界到處是壞人的陰影之下，上了小學之後，學校、安親班、和公寓式的住家，幾乎就是他們生活的全部，孩子脆弱易感的心靈，就在這種高壓、令人幾乎窒息的氣氛中成長，這一代的父母正帶給他們的孩子，連自己也未曾受過的苦痛——毫無自由！說得更簡單些，現在的孩子們連放學在路上摘朵野花、抽抽糖果的機會也沒有！

在生活俱樂部起步後不久，岩根跟他的伙伴們，便注意到這個問題。道理非常明白，一個從來沒機會親近農村與自然環境，極少團體生活經驗的孩子，將來比較難與他人相處，也較難爲他

久居鬧區塵世的都市人，心中都會有一塊屬於自己的清靜地。（山梨縣富士山麓的忍野八海）

人著想，因爲他從來不曾學過這些。這個想法觸動了岩根的一個念頭，何不來個「新故鄉」的共同購買行動呢？既然社員們都有這種需求，何不藉由集體的力量，開創出一個屬於生活俱樂部的「協同村」呢？這便是「協同村」概念在生活俱樂部出現的發端。

然而老實說，剛開始的時候，整個概念尚未十分完整，一九七五年東京方面第一次提出來的計劃口號，只不過是「向套裝休閒旅遊的挑戰」。活動時間是在七五年的七月底到八月底之間，剛好利用孩子們的暑假空檔，讓社員們帶著孩子到富士山腳的西湖畔，一起享受親子生活跟集團生活的新鮮體驗。西湖畔的根場村，大約在六〇年代的某次山洪爆發之後，整個村子的村民都遷往他處，只留下村人廢棄的分校，而這裡便是後來的「生活俱樂部family村」。每梯次三天兩夜的行程，吃住都在極爲破舊的校舍裡，對都市的孩子們來說，應該是難以忍受才對，可是奇怪的是，這些孩子們到了最後一天，卻誰也不想離開。

另外一個新的嘗試，則是在神奈川縣北側山地的奧相模湖附近，生活俱樂部在一處人口稀疏的山村租了塊地，蓋了間簡單的起居設施，還有一處網球場跟可以打棒球的操場。大夥兒的想法是，來到這裡不但可以享受山川自然的美景，同時還可以近距離貼近農家的生活，較之根場村的環境，又有另外不同的效果。根據岩根個人的想像，這種遠離城市的「協同村」或「休閒村」，不僅能夠提供孩子們在沒有時間的限制下，觀察自然界的生態，此外還有一個重要的目的，便是強迫這些出生在小家庭的孩子們，體驗一下類似傳統大家庭的生活，感受人與人之間彼此需要，最原始的合作模式。

不過前面這兩個例子，都還只是類似夏令營的團體活動，生活俱樂部首度正式推出的「協同村」活動，應

「協同村」的營運委員會也會不定期發行刊物，提醒終日繁忙的都市人偶爾該放慢腳步歇一歇。

該是在一九七八年的夏天。當時生活俱樂部剛在北海道的古平町買下一片接近兩百甲的土地，目的是用來飼養社內所需的國產牛肉。另一方面，生活俱樂部也提出一個大膽的建議，那就是以這個牧場爲據點，建立一個包含古平町在內——屬於全體社員的「新故鄉」。雖然大多數村民把這當作一個吸引觀光的好機會，不過生活俱樂部的社員們卻不願意處於被動，紛紛動起腦筋，當眞要把這裡規劃成爲自己獨有的鄉村所在。有人想利用冬天積雪的斜坡做滑雪場，有些人則希望組成專門委員會，代爲管理積丹半島上大戶船長所留下的捕魚番屋，作爲可流傳後世的庶民文化資產。各式各樣新奇的點子，就這樣源源不絕地湧現出來。

第一次的古平之旅，就在這樣熱鬧又充滿期待的氣氛中出發。孩子們從東京搭船出發，從船上便開始體驗團體生活的滋味，而父母親們爲了節省時間，則稍後從東京搭飛機到北海道會合。這時誰也沒想到，在北海道等著他們的，將是他們永生難忘的經驗！原來當時恰逢古平町當地的豐漁祭，一艘艘掛滿亮麗旗幟裝飾的美麗漁船，就這麼浩浩蕩蕩地載著一行人出港，享受徜徉海上漁村兒女的豪邁情懷，這可不是隨便花錢買得到的經驗呢！接下來將近兩個星期的日子裡，無論大人小孩，每個人簡直像荒地裡的野人一般，完全拋開城市裡的束縛，在古平町寬廣的原野上，學著西部牛仔套小豬，跟著成群的大豬小豬在野地上奔跑，甚至帶著自製的地圖在山中探險終日，在海岸享受村民熱情提供的海鮮鍋，當然少不了的是把每個人的臉照得紅通通的熊熊營火，如果沒有生活俱樂部平日與村民們建立起來的互信情感，這種敞開胸懷的城鄉交流，人跟人

假日裡，大夥兒帶著孩子到租用的農園裡野餐，此時再也沒有社員、專職人員或生產者的界限，大家都是這塊土地上的「生活者」。

之間眞心的往來，或許就沒有實現的機會吧！

從這一章的故事裡，大家應該都看到什麼是生活俱樂部生生不息的生命力，不是委曲求全成就別人，更不是犧牲自己照亮別人！這種神話故事裡的聖人，在平凡如你我的生活裡不可奢求！最容易的是，放開膽量去追求自己的夢想，每個人心中殷殷期盼卻又難以啓齒的夢想，說出來！踏出去！你會發現每個人心中都有個相同的理想國，爲自己著想，也就是爲他人造福，這就是生活俱樂部所說的「很多的我」（大勢の私）的眞意吧！

6

# 台日韓的跨國姊妹情

主婦聯盟、生活俱樂部連合會女性委員會及女性民友會，
這三個誕生在不同國家及社會背景下的女性團體，
卻為了開創各自屬於女性及生活者的一片天，
在無意間相知相惜，
並在一九九九年十二月締結為「亞細亞姊妹會」，
深化彼此之間的交流。

如今生活俱樂部的歷史早已超過了四分之一個世紀，這個從東京都世田谷區一隅起步的婦女團體，早已跨出了東京，成爲全國性的合作社聯盟，其影響力也是今非昔比。

或許有人會認爲，生活俱樂部的成績只不過是日本的一個特例，在其他國家不見得適用，這一點筆者絕對承認，在過去的實習過程中，以及回到台灣來的現場工作經驗，的確證明生活俱樂部的做法在台灣不能如法炮製，但是誰也不能否認的是，這群日本朋友所描繪出的生活願景，以

及實現夢想的毅力，絕對值得敬佩。

一九八九年，生活俱樂部第一次獲得國際組織推崇的殊榮——「the Right Livelihood Award」（最佳生活獎），這個獎項向來有另類諾貝爾獎之稱，是由瑞典的審查團所頒發，表揚全球各地對人類文化與生活有模範作用的團體。沒想到，生活俱樂部的表現也贏得了聯合國方面的注意，在一九九五年聯合國創立五十週年的紀念活動——「We the People 50 Community」中，被「聯合國之友」選爲五十個獲得褒獎的社區團體之一，得獎的項目是「環境保護與永續發展」（Enviromental and Sustainable Development）。同時獲獎的還包括印度的Chipko Movement（女性森林保護團體）、獨立國協的Socio-Ecological Union（生態社會同盟）及北美三國的Clean Islands International（淨島國際聯盟）等。

這個獎對生活俱樂部來說，來得有些突然，事前沒有任何的訊息。不過唯一可以推論的理由是，生活俱樂部爲了實踐合作社的社會責任，確實在過去十幾

獲頒聯合國之友「We the people 50 community」獎項後，生活俱樂部連合會所出版的紀念專刊。

生活俱樂部積極致力於培養來自海外的研修生，試圖將合作社的理念傳布到其他國家。（右：韓籍研修生韓俊，中：前連合會國際部主任丸山茂樹，左：筆者）

年來，積極與國外許多民間團體進行密切的交流，包括菲律賓尼格羅斯島的天主教基礎生活共同體（BCC）、馬來西亞的檳城消費人協會（CAP）、韓國的信用合作社京畿道連合會、女性民友會及台灣的主婦聯盟環境保護基金會等。透過這些紮實且密切的往來關係，生活俱樂部確實把自己獨有的運動理念與理想，一點一滴地傳達給其他國家的朋友。其實正如同「聯合國之友」所頒發的獎項一樣，這裡所謂的Community，並未局限於地理上相連的社區，只要是一群有著「a sense of community」的人，為了共同的理想或目標而努力生活著，便符合「聯合國之友」所稱的Community。以這個標準來說，生活俱樂部的做法早已超越國界的限制，與許多國家的人民建立起具有「相同連帶感」的「跨國社區」了，因此這個獎項可說得來絕無僥倖！

台灣的主婦聯盟環境保護基金會，在一九九一年的「世界消費者組織聯盟」（IOCU）香港大會上，與來自生活俱樂部的幾位代表不期而遇，會中多位第三世界國家代表痛陳自由貿易對鄉土環境的破壞時，生活俱樂部代表自信的發言，吸引了許多苦無出路國家代表的注意，這其中也包括了主婦聯盟的翁秀綾女士。翁女士過去長時間服務於消費者文教基金會，經常扮演消費糾紛的救火隊，但是長期下來，卻感受到莫大的挫折感，畢竟調解消費糾紛已屬亡羊補牢，如果不從根本上著手，將無法徹底改善消費者所面對的問題。翁女士回國之後，便積極與生活俱樂部方面取得聯繫，並且在同年九月，由當時的「消費品質委員會」召集人陳秀惠率團赴日觀摩，從此也打開了台灣與生活俱樂部方面的交流管道，延續至今。

此外，韓國的女性民友會，也是一個成長背景與主婦聯盟極為類似的婦女團體，這個組織成立於一九八七年，是由一群當時二、三十歲，具有學生、婦女運動背景的女性，為了實現自主民主主義及女性解放的理想而成立。十多年來，她們的活動重點始終放在確保婦女權利、推展合作事業、關心勞工及環保問題上。而「女性民友會生活協同合作社」則是民友會為了紮根社區，所另行成立的主婦消費團體，目前已擁有三千名社員，在漢城首都圈內擁有五個支部。

主婦聯盟、生活俱樂部連合會女性委員會及女性民友會，這三個誕生在不同國家及社會背景

跨海而來，與台灣主婦聯盟的朋友們進行討論的生活俱樂部友人。

下的女性團體，卻為了開創各自屬於女性及生活者的一片天，在無意間相知相惜，並且決定更進一步締結姊妹會的關係，深化彼此之間的交流。一九九九年十二月，這三個市民團體正式締結為「亞細亞姊妹會」，每年輪流舉辦例行年會，除了瞭解彼此在本國的運動現況之外，同時也藉機擬定各項跨國性的同步行動，藉以表達對於跨國企業橫行全世界，進行各種資源掠奪及環境破壞行動的不滿與抗議。二〇〇〇年十一月，三國的姊妹會再度相約在台北市的劍潭青年活動中心，會議的焦點在於反對「基因改造食品」及「女性與合作運動」上，會後並發表了三國語文的共同聲明，表達了跨越國籍、民族的人類共同心聲及渴望。

正如同產業社會的瓶頸一般，國家體制

顯然也遭遇到許多無法解決的困境，自從六〇年代開始，聯合國便注意到「市民團體」在未來世界將扮演重要的角色，許多無法藉由國家僵化的制度解決的國際問題，勢必落在民間團體的肩上。除了在此議題上較爲先進的美國之外，連向來保守的日本也在阪神大地震之後，通過了相關法案，對於刺激市民團體的活動有莫大的幫助。而台灣的主婦聯盟在二〇〇一年六月，正式掛牌成立「消費合作社」，同時還設置了新竹、桃園、台中及台南等地的分社，衷心祝福她們！也希望台灣人民能跟她們一樣，珍惜眼前的一切，挺起胸膛保衛自己、家園和土地。

2000年年底於台北劍潭所舉行的台日韓三國姊妹會上，發表共同聲明的光景。

## 憶當時

松澤明彥（原「Rapo1藤澤」特別養護老人中心生活指導員）

在自己的觀念中，一直覺得對人類來說，生老病死是件極為自然的事情，不管是生病、身心有所缺憾，乃至於衰老都一樣，沒什麼好大驚小怪的。可是在凡事講求效率與方便性的現代日本社會中，大家只想追求「生」，簡單地說，也就是如何活得更好，而「老」、「病」、「死」卻被拋到無人關心的角落裡，成為衆人避之唯恐不及的瘟神。然而在各項社會環境條件的改善之下，諸如飲食營養的提昇，以及醫療科技的進步等，日本已經無可迴避地進入了高齡社會。令人感到諷刺的是，結果許多人們被迫過著與疾病、身心障礙為伍的生活，更嚴重的情況是，無論本人的意願如何，卻不得不接受所謂的延命醫療，也就是為著別人的決定而「活著」。這就是我們將來必須面對的時代。

回顧過去近百年的歷史，開山伐林、把人類不要的廢液與垃圾排入海中，讓自然環境與人類的生活愈離愈遠，似乎正是日本現代化過程的寫照。當我們開始注意到這個問題時，這個社會已經與自然完全抽離，成為各種壓力積累的人工化生活環境，而社區、鄰里到家族之間的人際關係，也愈來愈疏離。在這種情況下，以社區為活動基礎的合作社運動，也因此應運而生。此外，如何創造出一種新的具體的福祉活動，讓每個人都能以自己最樂意且適合的方式，來迎接自己的老年生活，也是許多日本人越來越關心的問題。而「Rapo1藤澤」正是在這兩種思潮的衝激之下，所碰撞出來的火花吧！而這也是自己選擇投入這份工作的原因。

絕大多數的人對於所謂的福祉設施，難免抱持一種負面的印象，認為那是需要接受照護與協助的「弱者」所住的地方，然而卻很少人能設身處地去考量，如果今天生病的、有身心方面困擾的是自己的話，誰又不想過著自在一些的「生活」呢？因此我們希望在一般的社區之中，創造出一種新的福祉設施，在那裡頭沒有太多繁瑣的生活規範，儘可能保障入居者最大的自主性，讓他們擁有最多的決定權與選擇權，就像一個屬於所有人的「共同的家」，也是任何人都願意在此安享晚年的快樂園地。在「Rapo]藤澤」成立之後，許多認同這個理念的社區民衆，也開始參與我們的活動，提供他們自己的知識與技能，形成養護中心與社區之間一種有機性的連結與互動，甚至他們也投入生活照護與飲食提供的工作。具備福祉、醫療專業背景的工作人員固然重要，但是我們絕不希望塑造出一種權威式的管理環境，這樣才有可能創造出大家都有機會參與的「參加型社區福祉」。

目前，各種切合個人需要的福祉服務已廣泛地展開，我個人認為其中最重要的基礎，應該在於社區中互助合作機制的建立。說得更明白些，消費合作社在社區裡的活動，其實就是社區福祉活動。住在同一個社區裡的鄰居，各自分攤自己所能承擔的工作，而這種共同購買運動，也將在福祉的領域中開花結果。對於自己在生活中所遭遇的福祉問題，重要的並非要求國家或政府「為我們做什麼」，而應該是透過每個人的互助合作，提出具體解決的模範方案，扮演市民在建構理想社會中的先趨角色。

從一九九四年「Rapo]藤澤」的福祉事業開展以來，轉眼已經度過七個年頭，在這段期間，許多本著合作社精神創設的社區福祉設施陸續誕生。我想在這條道路上，最重要的工作應該是不停地播種吧！播下更多的種子，拉起更多合作的大手與小手！形成一個人與人真實的生命共同體！無論對合作社抑或是福祉設施的經營，都是極為重要的關鍵。透過這些社區之中一個個渺小的合作共同體，相信有朝一日必定能形成跨越國界的世界性的人的組合！無論做什麼事情，必先從播種開始，我一直如此深信著。

## 〈後記〉台灣的共同購買這條路……

剛開始的時候，
人家總是帶著疑問的眼光——
你們這樣做是可以賺多少？
來到鄉下跟種菜的歐吉桑打商量，
卻總是得到這樣無情的回答——
誰講無農藥種會出菜？
然而今天共同購買運動卻成爲台灣有機農業的重要推手，
更成爲都市消費者最安心的依靠。
在這個新的世紀，
她們更創造了台灣第一個以「生活者」爲主體的消費合作社。
而這一切美好故事的源起，
正始於人與人之間偶然的相逢，
還有那一份最單純的信賴！

1

# 共同購買運動的母體——主婦聯盟

這群剛走出家庭的女性，
確實像支不怕死的敢死隊般，
百分之百地投注她們一切所能，
發揮過人的正義感與意志力，
投入一場又一場的戰役，
從鎘米事件、反對核能發電、催生再生紙、
反對色情氾濫、廢油回收到廚餘做堆肥……
本著一個做母親的、最單純的心，
希望為下一代保留一個能夠好好生活的寶島台灣！

只要是關心環境問題的朋友，大概很少人沒聽過主婦聯盟的大名，但是早在一九九〇年代初期，這群媽媽剛開始推動共同購買運動時，卻往往得費上大會兒工夫，跟人家說明自己的來歷，

隨著經濟的快速成長，80年代的台灣也開始面臨殘酷的環境浩劫，這輛從垃圾堆旁疾駛而過的賓士轎車，似乎正反映出我們所生存的環境。

最後人家才恍然大悟地猛點頭，直說：「我知道了！你們就是那個主婦商場對不對？」這樣的描述或許有些誇張，不過時過境遷，如今主婦商場早已乏人知曉，但是主婦聯盟卻發展成爲全國知名的環保團體。

回首這段來時路，相信連這些女主角們都難以相信，自己居然能夠堅持理想，走到今天，而且愈走愈有信心，愈行愈出名！其實這群發起成立主婦聯盟的女性，平凡得一如鄰家的媳婦兒或大姐，唯一不同的是，她們有顆願意關懷社會的心，更重要的是不吝付諸行動去改變！

一九八六年底，一群痛心台灣環境不斷遭受破壞的婦女，希望透過組織的力量，來宣揚環境保護的觀念，無奈當時台灣仍處於漫無止境的「戒嚴時期」，一般人民根本無法組織結社，只好選擇掛名在「新環境基金會」之下，成立一個名爲「主婦聯盟工作小組」的「地下組織」，以臨沂街某個地下室爲根據地，就這麼「知其應爲而爲之」地踏出了第一步。

她們的處女作就是「麥當勞站崗事件」——由於當時麥當勞進駐台灣還不算久，許多人都抱著一嘗美國夢滋味的興奮之心，在麥當勞門前大排長龍，而速食業者自然不會放過這個賺錢的大好機會，硬是把俗稱「junk food」的漢堡賣到全球數一數二的天價，反正台灣人吃得起，可是這種傲慢的做法，卻引發了這群娘子軍的正義感，於是乎一群衣著光鮮的女性（據說是怕人家誤會吃不起），便在台北街頭的麥當勞門口，舉起抗議的標語，呼籲過往行人拒吃「天價」漢堡，這個行動確實讓人留下了深刻的印象。

不久，本著女人應該「勇於開口，敏於行動」，也認爲女性理當有此權利的主張之下，她們正式對外宣布成立「主婦聯盟」，開始積極宣導垃圾分類、自備購物袋及隨餐包的觀念，這種充滿動力與機動性的做法，顯然與著重學術研究的「新環境基金會」有所扞格，這也是造成兩個組織分家的原因之一。在這段組織妾身未明的階段，情治機關似乎特別網開一面，並未故意刁難她們的活動，留下了一頁「地下組織光明做」的特殊歷史。直到一九八九年三月，主婦聯盟環境保護基金會才正式成立。

在那個桎梏台灣長達近四十年的戒嚴令鬆綁的歷史時刻，再加上女性得以走出家庭，放手一搏的暢快感，交織融匯成一股充滿生命力的潮流，無論活動的主題爲何，總是能吸引一大群的義工們加入，儘管從整理資料講稿、寫新聞稿、聯絡宣傳、上台演講到參加公聽會，無一不是從零開始學習，但是身邊卻似乎充滿溫暖的援手，不僅大學生們協助介紹教授，義務支援教做海報，許多記者們更是積極報導環保議題，在社會上形成眾所關注的焦點，扮演這群娘子軍最佳的宣傳預備隊。

反觀今日的環保運動，似乎難以想像當時風起雲湧的氣勢，但是她們確實做到了！一九九〇年，主婦聯盟這個成立不過數載的初生之犢，竟然勇敢地向監察院提案糾正環保署，打了漂亮的一仗！原來在一九八八年上任的環保署長簡又新，打著推動資源回收的旗號，從國外進口每只造價兩萬多元的「外星寶寶」，當作蒐集分類資源的容器，誰知這些外星寶寶過於粗大笨重，除了佔據人行道空間之外，還得由機械操作方能清理內部，而且外殼上的投擲孔根本不合國內的容器尺寸，絕大多數的塑膠容器依舊被當成一般垃圾丟棄。更令人無法理解的是，經手這批回收桶的廠商竟是署長的友人，顯有圖利特定廠商之嫌，最後在各方的強大壓力之下，環保署只得退回這批外星寶寶，耗資一億餘元的計劃也徹底失敗。

諸如此類的成功例子，當時可說不勝枚舉，而這群剛走出家庭的女性，也確實像支不怕死的敢死隊般，百分之百地投注她們一切所能，發揮過人的正義感與意志力，投入一場又一場的戰役，從鎘米事件、反對核能發電、催生再生紙、反對色情氾濫、廢油回收到廚餘做堆肥……只因我們安身立命的環境早已千瘡百孔，而她們只不過是本著一個做母親的、最單純的心，希望爲下一代保留一個能夠好好生活的寶島台灣罷了！正如同去年剛接任主婦聯盟董事長的陳曼麗女士所說的，在一九八八年一場討論桃園觀音鄉水稻田遭受鎘廢水污染的公聽會上，她第一次感受到環境污染的震撼，因爲那批被污染的鎘米早就不知去向，可能早已被不肖商人賣到市面上了！她知道這件事之後，好一陣子難過得無法自處，因爲她不知道從今以後，在催促孩子們吃飯的時候，究竟該叫他們多吃一口，還是少吃一口？正是這顆天下慈母心，爲後來主婦聯盟走上共同購買這條路，種下了註定的因緣。

## 2

# 消品會與生活俱樂部的邂逅

消品會開始聚集了一群有志推廣綠色消費的人，除藉由各種活動，將理念傳播給更多的人之外，她們也積極參與各項國際活動，以便瞭解世界綠色消費運動的趨勢。

一九九一年七月在香港的「世界消費者組織聯盟」大會上，日本生活俱樂部代表們堅定自信的聲音，深深吸引了來自台灣的這群女性。

那麼從關心環保出發的主婦聯盟，後來又怎麼會跟共同購買扯上關係呢？相信這是許多朋友心中共同的疑問。其實顧名思義，既然名字叫做主婦聯盟，想當然爾——這是由一群家庭主婦（也包括少數的主夫）所組成的團體，因此只要是太太們、媽媽們所關心的話題，便自然而然地變成主婦聯盟關心的焦點。

除了剛起步之初的環保抗爭行動之外，這群媽媽們的視野也逐漸放寬與加深，觸角開始往上下游延伸，環保運動要贏得長期的成功，必得在基礎的教育上下工夫，於是在一九八九年，主婦聯盟創設了「教育委員會」，集結了一群關心孩子教育的家長，積極關心學校教育及教育政策，以普及學習權及父母教育權的觀念爲目標。另一方面，這些環保媽媽們在參與社會運動的過程中，也難免遭遇到來自各方的壓力，首先是來自家庭成員的壓力，在台灣這個女男尚未平權的社會中，許多男性確實無法忍受自己的太太「不安於室」，這也是爲何主婦聯盟的活動多半排在上午跟非假日的關係。其次則是外界的壓力，一旦成爲檯面上的組織，勢必要接受他人目光的檢驗，因此培養自身的思考及表達能力，也成了無可逃避的當務之急，這也促成了「婦女成長委員會」在一九八九年成立。

至於跟共同購買息息相關的「消費品質委員會」（簡稱「消品會」），則成立於一九九一年五月。當時在陳秀惠女士剛卸任主婦聯盟董事長之初，便有籌設消費者運動相關委員會的腹案，因爲有不少人士認爲主婦聯盟也該將消費問題納入關心的範圍，可是當時的消費議題並不如今日般引人注意。儘管台灣也曾爆發米糠油事件或假酒問題，但可見的影響層面普遍較環境污染爲小，而且也較缺乏明顯巨大的抗爭目標（大多是些中小企業），因此縱使有心介入，也不容易找到著力點，更何況當時已經有消基會（中華民國消費者文教基金會，一九八〇年成立），後來陳女士只好先去參加消基會的義工訓練，並且在那兒結識了翁秀綾女士（曾任《消費者報導》發行人）。

這兩位從不同角度關心消費議題的社運女傑，在如此因緣際會的情形下相逢，也就此帶出台灣共同購買的發展史。當時的翁女士在消基會任職已久，累積了豐富的消費糾紛處理經驗，可是長久以來的工作，卻帶給她身心無比的疲憊，儘管自己做的是保護消費者的第一線，卻只能不斷地扮演「救火隊」的角色，所圖者唯亡羊補牢而已。因此她心中常常浮現一個疑問——「難道消費者就不能自己保護自己嗎？」、「難道政府的施捨與企業的配合，是消費者唯一的救贖嗎？」，在這種亟盼打開一條生路的動機下，翁女士決定轉戰主婦聯盟這個全然未知的新戰場。

在人類社會快速都市化的同時，供人們食用的牲畜們，生活密度的成長更遠勝於人類百倍，原因只為了降低成本，這種高疾病風險的飼養方式，也種下了與抗生素的不解之緣。

一九九〇年九月，主婦聯盟理監事同意增設有關消費者運動的委員會，並決定將主軸放在提升「消費品質」方面，於是乎定名爲「消費品質委員會」。一九九一年五月，「消費品質委員會」正式成爲主婦聯盟組織架構下的一員。初期的活動方針在於以環保人的立場，來推動綠色消費運動——諸如拒用免洗餐具、要求速食店合理售價及設置具有示範作用的「綠色消費站」等等。

慢慢地，消品會開始聚集了一群有志推廣綠色消費的人們，除了藉由各種活動，將這個理念傳播給更多的人之外，她們也積極參與各項國際活動，以便瞭解世界綠色消費運動的趨勢。一九九一年七月，翁女士與消基會、主婦聯盟等團體成員，組團前往香港參加「世界消費者組織聯盟」（IOCU）的第十三屆大會，那次大會的討論焦點幾乎全集中在全球自由貿易的議題上，許多來自第三世界國家的消費者代表，痛陳「自由競爭」與「市場機能」並未帶來它所承諾的「消費者享受多種選擇」的理想，反倒是讓在地的消費者、農民、勞工及原住民等，陷入永無翻身機會的貧窮之中。

從產地到消費者之間，有許多我們看不見的死角，這群擠在車陣廢氣中，做日光浴的脫毛雞，恐怕只是冰山的一角。

正當全場處於一片低迷愁悶的氣氛時，一位來自日本神奈川的女士忽然站起來發言——「我們『生活俱樂部』是一個合作社組織，二十年來堅持實踐『共同購買』，開發生活所需的消費材，與生產者訂定生產契約。由於對環保、人性化的認同，在開發消費材的過程及與生產者的溝通上都力求符合理念。今天我們不但自主地管理生活，還可以影響到地方選舉，並推出代理人到議會中。我們新的課題是如何建構一個符合人性，可以永續發展，並面對高齡化的社會。我想強調的是源自於我們的實踐，證明了『合作社』的確能夠發揮草根的力量。」這個堅定自信的聲音深深吸引了來自台灣的與會代表們。

# 3

# 組織化的難題

「潭墘社區合作社」成立之後，
很快便成為社區裡的熱門場所，
除了合作社開辦的各項學習活動之外，
社員們也開始懂得利用這項生活道具。
合作社更蒐集許多「福祉情報」，
使一些不易接觸類似資訊的高齡者，
能夠及時掌握並享受應得的照顧。
然而，受到相關法令的限制，
社區合作社不得越區提供服務，
這個理想的組織模式，也遭遇到瓶頸……

自從一九九二年九月開始，消品會便展開一連串的經營體籌備會議，一方面除了繼續宣傳

「共同購買」的理念之外，也積極尋求其他有興趣的團體或個人，研究適當的組織架構及經營模式。由於最早的發想源自於生活俱樂部，因此當時的成員心中也有一個籌組合作社的模糊想像，連籌備會議的名稱也叫做「綠色生活合作社籌備會」。當時在籌備會裡討論的主題，主要在於何種經營體的模式，最符合發起的理念？其次則是「共同購買」所具有的營利組織性格，應否與主婦聯盟區分獨立？還有就是消費品的選擇標準問題。爲此消品會也分別設置了組織發展組、消費品選擇組及行政組三個小組，並鼓勵各個訂購班（這段時期的班多爲社區或職場的既有人脈組織）派出代表加入。

在這個組織成型的階段，洪友崙先生逐漸成爲重要的推手。從台大森林系畢業之後，他有一段時間投入零售業的經營管理工作，也曾經擔任過耕莘文教寫作班的總幹事，還有三年在日本就業的經驗，接觸過第一手的消費合作社資訊，這些特殊的背景，使他進入消品會之後，不久便擔任副主委的職務（主委爲女性保障名額），負起共同購買事業實體化的重責大任。

還有另外一位重要的幹部——林碧霞女士，也在這個階段加入消品會。林女士是台大園藝系畢業的園藝學博士，長年從事蔬果及土壤改良的工作，對於有機農業的推動也不遺餘力。其夫則是任教於台大園藝系的鄭正勇教授，也是台灣首位在大學開設「有機農業」課程的先鋒。透過他們在鄉間熟識的生產者人脈，以及農業研究單位的良好關係，使得共同購買運動在起步之初，節省了許多摸索的時間。

儘管消品會內部已有初步的共識，但是第一步究竟該怎麼做，卻沒有人知道！畢竟日本生活俱樂部已經是一個龐然大物，無法提供具體的作業範本，而且在台灣涉獵生態保育領域的兩百多個民間團體中，僅有「綠色消費者基金會」以推動環保及消費運動為宗旨成立，至於全力推展綠色消費運動的團體可說根本不存在！在這種前無「古人」的情況下，消品會可說完全是「摸著石頭過河」，走一步算一步。當時合計四名的消品會委員，暫時決定以一九九三年二月為初步評估的時間，倘若共同購買活動的理念獲得認同，則進一步考慮聘雇專職人員。一九九三年一月，消品會針對主婦聯盟的會友們進行產品需求的調查，最後篩選出有機米、胚芽米跟葡萄（或許是受到當時「毒葡萄」事件的影響），作為優先訂購的品項。

正如台灣俗諺所說：「頭剃落去，無洗未使。」接下來的一整個年頭，可說是資源快速動員，與摸索組織型態的時期。除了舉辦熱熱鬧鬧的「吃的自力救濟創意營」，邀請日本生活俱樂部社員組團到台灣進行交流，以及舉辦名為「共築社區桃花源」的國際研討會之外，也再度組團赴日觀摩合作社現場作業的情況。另外也在中國時報上開闢「生活新源頭」專欄，參加「擋不住的綠色行銷」座談會等等，這些活動果然造成不可忽視的媒體效應，一時之間參與共同購買的會員激增，配送工作也大幅加重，讓消品會不得不加快成立自主事業經營體的腳步，不過內部也有人開始質疑，按照這種業務成長的速度，是否會造成組織本身過度的負荷。

這個擋不住的社會潮流，也在主婦聯盟內部掀起一陣「共同購買活動與主婦聯盟形象是否相

主婦聯盟這群再平凡也不過的媽媽們，背起了行囊上山下海，四處拜訪生產者，希望用自己的行動來解決自己的問題。

符？」的論爭，以及「基金會能否營利」的適法性討論。最後大夥兒得出的結論，認爲消品會的做法縱使不算非法，也是規避法律的行爲，而且在主婦聯盟的架構之下推動，也使其他有心加入的團體卻步不前，因此有另外成立綠色生活協會的想法。但另一方面也有人擔心這個共同購買團體將來壯大之後，恐將削弱主婦聯盟對此運動的主導性。

但是基金會不得招收會員的限制（爲管理基金之法人組織，僅有會友），卻逼使消品會必須另尋出路。不久核心幹部終於做出決定，以社區合作社作爲共同購買的事業實體，負責分裝、配送的勞務，而主婦聯盟則繼續負責綠色消費理念的宣導，至於產品開發及合作教育的工作，也由消品會沿續現階段的做法。於是乎在陳來紅女士的大力協助下，「永和市潭墘社區合作社」終於在同年的六月二十八日成立。回首這段籌設過程，確實值得大書特書，在向來關注婦女覺醒與社區營造問題的陳女士穿針引線下，消品會的委員們開始走入社區，與消費者面對面，在每個星期四晚上，舉行一連串「健康生活講座」的活動，透過一張張精彩的幻燈片，讓來自社區裡的男女老少，印證媒體報導與內心裡的恐懼，原來台灣現今的消費環境，已經沉淪到這種地步！除了一條條工廠污水大剌剌地排入灌溉渠道，以及違禁農藥濫用的問題之外，在尋訪稻米生產者的過程中，她們更目睹一家位於宜蘭的碾米廠中，竟然擺著超過三十種以上產地的包裝袋，至於米的來源當然跟袋子沒關係！這些都震撼了觀者的心，許多從農村到都市裡打拼半輩子的民眾，怎麼也沒想到在努力幾十年後，本以爲可以開始享受生活的餘裕，故鄉卻早已變色，每天送入五臟廟的竟是來路不明的「毒品」。不久便有七位按捺不住的社區媽媽，主動發起成立「社區合作社」，挨家挨戶拜訪的結果，很快就有五十戶決定加入米的共同購買行列。

「潭墘社區合作社」成立之後，很快便成爲社區裡的熱門場所，除了合作社開辦的各項學習活動之外，社員們也開始懂得利用這項生活道具。有位社區媽媽的國中女兒，平常熱衷於中國結等手藝，社裡便邀請她在暑假教國小的孩子們做工藝，結果不但大受歡迎，連高中生和帶小朋友來的媽媽們也著迷了起來！社區裡還有位丈夫驟逝的歐巴桑，生計突然面臨困境，雖然四處去撿拾廢紙、紙箱，收入還是有限，有個社員發現這個問題，便在社裡的《好厝邊通訊》上發布這個消息，不久廢紙便堆滿了她家的門口，在那個「資源回收」還未實現的時代，一個個小小的動作卻代表了無盡的愛心。另外，合作社也蒐集許多來自官方與民間的「福祉情報」，送到永和市裡三十多個「福利消息站」，這些福利站可能是牙醫診所、雜貨店，也可能是一般的住家，透過這些公私部門的訊息傳播，使一些不易接觸類似資訊的高齡者，能夠及時掌握並享受應得的照顧。

然而事與願違，受到相關法令的限制，社區合作社不得越區提供服務，因此這個理想的組織模式，也遭遇到瓶頸。雖然可以將「潭墘合作社」當作範本，到各地的社區裡成立類似的組織，但一個社區若欠缺平時的經營，要在短期間內成立類似的組織，無異於緣木求魚。因此，如果不能找出另外一條變通的辦法，還是無法滿足散布全國各地廣大會員的需求，此時共同購買的開路先鋒們再度面臨了嚴厲的挑戰。

# 4

# 合作社VS公司之爭

短期內大量膨脹的會員組織，
對於這群既非營利事業背景出身，
對合作社又一知半解的社運尖兵來說，
卻是一個燙手的山芋……

在這段組織妾身未明的階段裡，所有參與共同購買運動的核心份子，可說都背負著極爲沉重的壓力。畢竟對於這群向來糾舉不法，扮演正義天使的媽媽們而言，如何儘快找出一條合情合法的道路，無疑是眼前的當務之急。

可是短期內膨脹的會員組織，對於這群既非營利事業背景出身，對合作社又一知半解的社運尖兵來說，卻是一個燙手的山芋。一九九三年十月，消品會在中和設立一個倉儲中心，以承接日漸增加的物流配送作業，不久有人提出成立理貨勞動合作社的方案，一來既可延續合作事業的精神，二來又可名正言順地辦理共同購買業務，於是她們便向合管處詢問這條路的可行性。令人振奮地，這個主管機關眼中的新星，很快地便在九三年的年底提出申請，並於翌年的五月正式掛牌營業，同時還取得一筆四十萬元的開辦補助款。然而還有一個棘手的問題在後頭，儘管新成立的「台北縣理貨勞動合作社」（位於中和景平路）可以承攬分裝、倉管的作業，但是對於進出貨的生產者與會員，卻無法解決交易憑證的問題，畢竟主婦聯盟、消品會或勞動合作社，都沒有資格辦理進出貨的買賣業務，於是有人提議先成立一個公司，以變通的方式來解決眼前的燃眉之急，這個提案後來雖然實現，卻也埋下共同購買組織路線分歧的遠因。

正如前面所提到的，共同購買運動之所以能夠在短時間內上路，而且千頭萬緒的工作同時並進，從理念宣傳、消費品開發、組織建構、物流作業到社區合作社的經營，若非許多一時之選的人才，甘心以半義工的方式，投入這個遍地荒蕪的園地，扮演捨我其誰的開路先鋒，或許直到今天，台灣的共同購買還沒起步也說不定。

但也因爲各路「英雌好漢」共襄盛舉的特性，在組織初見雛形之後，便不免出現路線之爭。在理貨勞動合作社成立的同一年（一九九四年）年底，緊接著便成立了「生活者有限公司」，形成了一項事業、雙頭領導的局面，雖說原來的設計，是希望由消品會、理貨勞動合作社及生活者公司，共同分攤理念宣傳、勞務承攬及進出貨作業的工作，但是當一個組織成立之後，必然會形成其獨特的組織文化，說得簡單些，也就是一個有生命的有機體，其發展往往不是設立之初所能預想得到的。

在「士林好所在」轉型為生鮮配送中心之後，便開始了人仰馬翻的苦日子，只因為這些到站的蔬菜必須在第一時間配送出去。

就在這一段組織雙頭領導的期間，共同購買的觸角又延伸到了台北市北區及台中市，分別於一九九四年十一月及一九九五年七月，成立了「士林好所在」共同購買中心（簡稱「好所在」）以及台中「綠色生活」共同購買中心，皆採取社區民眾集資共營的方式。基本上這處據點，仍希望延續社區合作社的精神，提供社區居民綠色消費與情報交換等功能，唯一不同的是共同購買事業的比重提高，不過後來兩個共購中心的命運卻有所不同。台中的「綠色生活」集資成員多以原有主婦聯盟的既有社群爲班底，因此綠色生活的經營向來穩定，一直與主婦聯盟台中工作室維持樓上樓下的鄰居關係，也是她們口中戲稱「有點黏又不太黏」的關係。然而「好所在」卻因爲出資者原本並非十分熟識，雖然同屬一個社區，卻對這項共同購買事業有著南轅北轍的想像，甚至有人以爲這會是新興的有機產業，過了不久，大夥兒開始發現這是一個需要共同付出勞力與金錢，集體經營與管理的「事業」，但是獲得回饋的日子卻遙遙無期，於是很快地便瀕臨解體的厄運。

另一項發生在這段期間的大事，則是一九九四年四月開辦的蔬菜共同購買。原來消品會時代所經手的消費品，多屬耐貯放、搬運方便的乾貨，例如五穀雜糧、衛生紙、皂絲等，但是媒體不斷披露的農藥殘留事件，卻讓會員們急著取得安全無農藥的蔬菜，這股壓力也直接傳達到工作人員身上，而負責產品開發的翁秀綾女士，與農業背景出身的林碧霞女士，便不得不扛起這份沉重的責任。幸而在因緣際會之下，她們結識了在東勢從事有機栽培的巫健旺農友（經營小瓢蟲農場，漢聲雜誌社的《有機報告》曾專文介紹），本是營建商人的他，卻選擇中年轉業，回到家鄉照顧祖傳的產業，而且還選擇了當時沒幾個人敢走的有機栽

為了評估新農友的耕作條件，監督合作農友的作業狀況，產品部的專職同仁常不辭辛勞，奔走於各地的農友之間。

培，光是這股勇氣，便讓人不得不肅然起敬。於是兩方面的需求一拍即合，立刻談妥基本的合作事宜，只要勞動合作社能夠糾集十二個人的蔬菜班，小瓢蟲農場便能以貨運寄送，提供每個月一次的有機蔬菜，雖然種類無由挑選，可是這項台灣首創的有機蔬菜產地直買行動，終於在眾人的努力之下美夢成眞了！

儘管業務項目與範圍不停地拓展，可是受到法令與現實限制，不得已走上合作社與公司雙頭領導的共同購買運動，卻必須在繁重的物流業務，對外尋求發展機會的種種活動之外，持續聚焦在組織的合作模式上，一次又一次的會議，卻怎麼也釐不清其中的是與非。最後，洪友崙先生終於選擇離開，而生活者公司也與共同購買事業劃清界線，此時（一九九五年十二月），理貨勞動合作社正式成爲共購運動的主體。

5

# 蔬菜班主軸的確立

透過台大城鄉基金會的居中協調，
一群原已退休養老的農村人力，
轉眼成為三芝鄉地方產業振興的生力軍，
在生產班楊樹木班長的領導下，
發揮了極重要的蔬菜供貨力量；
這些原屬閒置人力的歐吉桑、歐巴桑們，
真正做到了不用農藥也可以種得出菜來！

產地直買、直送的蔬菜班制度推出後，立刻受到會員們的熱烈歡迎，畢竟台灣的消費者長久以來，一直生活在農藥污染的恐懼之中，卻苦無任何自保之道，這個制度的推出，確實成爲她們——尤其是掌管家人口腹的媽媽們的好評。

不過一個月只有一次的配送，而且還必須湊齊十二位班員，確實讓有些人受不了！更嚴重的

在進行蔬菜共同購買的過程中，慢慢建立起「產地～消費者」之間的直接連通管道（當天早上採摘的蔬菜，過秤之後立刻上車載回台北共同購買中心配發）。

問題是，在缺乏專業物流通路的配合下，許多費盡心血栽培出來的有機蔬菜，卻在貨運公司配送的過程中，成了黃癟的「菜乾」，令參加的會員只能無言問蒼天。畢竟當時還沒有冷藏專用的宅急便公司，縱使有這樣的管道，其增加的成本可能也不是產消雙方所能負擔的。

歷經一九九四年四月至九五年十月間的實驗階段，受限於上述諸項條件，蔬菜班始終叫好不叫座，參加的人雖不少，退出的人也多，在起步一年半之後，蔬菜班的人數仍只維持在兩百戶左右，固定供貨的生產者，僅有三、四位，所能提供的菜色也十分有限。後來趁著一九九五年年底組織調整之際，大夥兒決定大幅調整原有的蔬菜班制度，除了把原有的訂購人數由十二人降爲六人之外，並將台北市沿鐵路劃分爲北區及南區，各區每週配送一次，此外也配送至新竹地區的班。而原有的「好所在」則轉型爲北區生鮮配送中心，專門負責蔬菜班的配送作業，中和倉儲（理貨勞動合作社社址）則改爲乾貨類的配送中心，構成南北兩處配送中心的基本體制，而全體工作人員皆加入理貨勞動合作社成爲社員。這個構想源自於生活俱樂部所提出的W.Co.架構，希望實現勞動者「自主決定，自主管理」的精神，來承辦共同購買事業的物流業務，此外也負責編輯組織報《生活者主張》，後來連推廣合作教育的部分，也由勞動合作社負責。此時消品會已經退居運動的第二線，有一個主要的原因是，消品會委員也幾乎都是合作社的社員。

自從一九九五年十月，蔬菜班制度大幅調整之後，參加的門檻較以前降低，入會的會員也愈來愈多，到了一九九六年十月，已經增加到了五百五十戶左右，這還不包括台中地區的兩百多戶蔬菜班員。同時爲了因應快速成長的蔬菜班，共購中心開始發行每週一份的即時刊物——《情報小站》（原名爲《蔬菜班情報站》），提供所有

每週一次的配送日，往往是班長與班員們的相見歡時間。

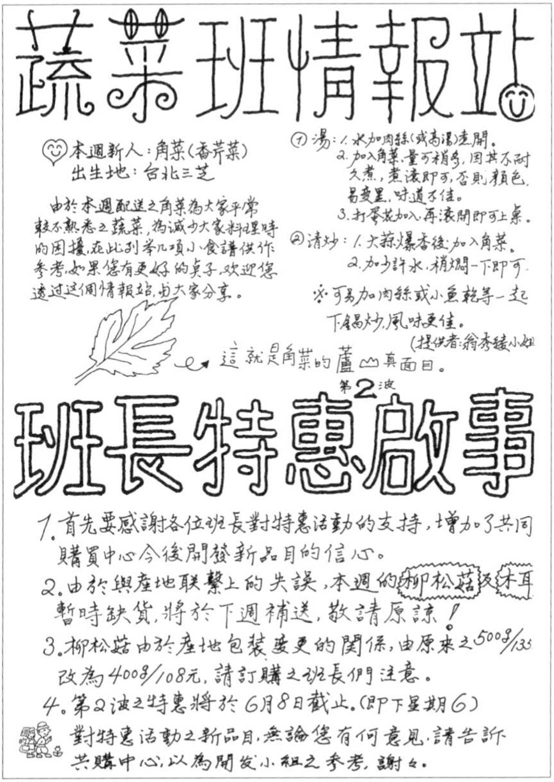

# 蔬菜班情報站

本週新人：角菜（香芹菜）
出生地：台北三芝

由於本週配送之角菜為大家平常較不熟悉之蔬菜，為減少大家料理時的困擾，在此列舉几項小食譜供作參考，如果您有更好的點子，欢迎您透过这個情報站，與大家分享。

①湯：1.水加肉絲（或高湯）煮開。
2.加入角菜，量可稍多，因其不耐久煮，煮滾即可，否則顏色易變黑，味道不佳。
3.打蛋花加入，再滾開即可上桌。

②清炒：1.大蒜爆香後，加入角菜。
2.加少許水，稍燜一下即可。
※可另加肉絲或小魚乾等一起下鍋炒，風味更佳。
（提供者：翁秀綾小姐

這就是角菜的廬山真面目。

# 班長特惠啟事 第2波

1.首先要感謝各位班長對特惠活動的支持，增加了共同購買中心今後開發新品目的信心。
2.由於與產地联繫上的失誤，本週的柳松菇及木耳暫時缺貨，將於下週補送，敬請原諒！
3.柳松菇由於產地包裝變更的關係，由原來之500g/135改為400g/108元，請訂購之班長們注意。
4.第2波之特惠將於6月8日截止。（即下星期6）

對特惠活動之新品目，無論您有何意見，請告訴共購中心，以為開發小組之參考，謝々。

這便是第一次發行的共同購買情報小站（原名「蔬菜班情報站」，1996.6）。

訂購班員相關的資訊，包括小食譜、活動快報、新品介紹乃至於共同購買運動的理念等，透過這份即時性的產品快訊，使會員們開始養成閱讀中心消息的習慣，到後來甚至還有人戲稱其爲共同購買會員的「國民生活須知」。

這個階段還有另一項比較具體的轉變，那就是生產農友的迅速增加，由原有的三、四位增加到一、二十位，產地位置也以北部爲主，畢竟蔬菜是有生命的產品，隨著配送時間的拉長，寶貴的營養也一點一滴地流逝。其中最特別的要屬三芝的有機蔬菜生產班，透過台大城鄉基金會的居中協調，讓一群原已退休養老的農村人力，成爲三芝鄉地方產業振興的生力軍，在生產班楊樹木班長的領導下，這個人數十人的生產班，確實發揮了重要的供貨力量。畢竟在那個大家都在摸索有機栽培方向的時期，不是生產尚未上軌道，就是怯於投入這條不歸路，反倒是這些原屬閒置人力的歐吉桑、歐巴桑們，願意老老實實地聽令行事，否則鄉間誰也不相信不用農藥種得出菜來！

在蔬菜配送的主軸確立之後，共同購買的事業基礎總算安定下來，同時爲了彌補生活者公司脫隊的影響，一九九六

三十出頭的黃德賓，原本是個駐歐維修筆記型電腦的工程師，如今卻回到故鄉成為耕耘土地的農人。

蟄居北投的都市農夫何金富，不僅是共同購買的資深農友，更是辦活動時不可或缺的好講師。

一個好農夫必須能抬頭挺胸，以自己所種的菜自豪──世居中壢的蔬菜生產班班長呂水利的名言。

不定期舉行的「生產者之旅」，不但拉近了生產者與消費者之間的距離，更是許多大朋友跟小朋友們週休假期的最愛。（西螺陳源和醬油廠）。

年五月再由消品會出面邀集二十位左右會員，集資成立了「綠主張」股份有限公司，同時在章程中明定，特定股東持股不

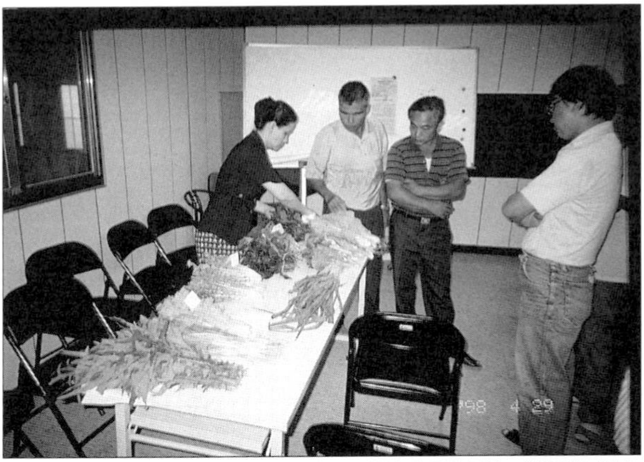

為了增進農友與共同購買中心之間的溝通，提高產品的品質，邀請農友將自己的產品帶來互相比較，是最直接的做法。

在中和與士林好所在兩者合併作業之後，新成立的三重配送中心顯得寬敞許多，作業起來也方便多了。

得超過一定的上限，以避免被個人意見所壟斷，也維持公司的開放性，後來在每年股東大會之際，都會再邀請資深會員入

為了實現合作社的理想，會員教育的工作絕對不可或缺，而班長意識的提升更是其中的關鍵。（第一次班長大會的光景，1996.12）

股，藉以強化共同購買事業的合作精神。

一九九七年七月，為了因應不斷成長的蔬菜班業務量，綠主張公司決定於三重市的二重疏洪道一帶，設置一處新的配送中心，同時容納中和與士林的乾貨、生鮮配送業務，也就是後來的「綠主張共同購買中心」，中和原有的門市功能也隨之撤銷，但士林「好所在」卻保留下來，當作第一個共同購買的社區取貨站，而多餘的空間則規劃為「共同學習中心」，轉型為共同購買運動的社區發展據點。

不過在這段期間，綠主張公司與理貨勞動合作社之間的組織定位角力並未結束，畢竟要以勞動合作社的角度，來引導共同購買運動的大方向，確有其不足之處。因為絕大多數會員，都是為了吃的健康與環保的理由而加入，突然間要求她們接受W.Co.的勞動民主的觀念，的確有丈二金剛摸不著頭緒之感。因此，延續自生活者公司時代的路線之爭，在後來幾位生力軍加入後（包括自日本研修回國的筆者在內），類似的論爭在內部從未歇止，直到「綠主張共同購買中心」成立時，內部已先後有兩位重要幹部離開，至此懸宕多年的「合作社VS公司」之爭才稍有歇止之象。

# 6

# 從綠主張到主婦聯盟生活消費合作社

走了十年艱辛的路途，
終於在二〇〇一年五月，
完成了一場完美的變身秀，
讓長久以來苦於組織定位模糊的共同購買中心，
轉型為全國第一個由下而上發起的「生活消費合作社」，
甚至成為國際合作界矚目的焦點。

回顧生活俱樂部從牛奶的集體飲用團體，到轉型爲消費合作社爲止，不過花了三年的時間，可是台灣的共同購買運動，從消品會的創立起算，到二〇〇一年五月轉型爲主婦聯盟生活消費合作社，其間卻足足經過了十年的歲月，當中不知投注了多少人的精力與心血。

回想共同購買事業在台灣起步之初，可謂步步維艱，草創期的幾位專職人員，連份像樣的薪水也領不到，更何況許多廢寢忘食、投入籌劃的義工，而且還得時時面對外界質疑的眼光，一般

共同購買運動理念最重要的傳播工具──《主婦聯盟綠主張》（合刊之後的模樣）。

的台灣民衆眞的難以理解，有這麼一群傻瓜費心盡力，只是爲了改善社會的大環境，謀取大我的福利。那時最常聽到的問題就是──「當班長可以分多少？」，更有不少人把共同購買當成直銷，光是要將這些問題解釋清楚，就得花上老半天的工夫。

在「綠主張」共同購買中心成立之後，由於添購了許多新的軟硬體設備（包括冷凍庫、冷藏庫及新的冷藏車），物流程序逐漸步上軌道，品項也陸續增加，以往大家連想都不敢想的冷凍魚、牛肉、豬肉與雞肉等，都加進了共同購買的消費材目錄，參加共同購買的會員人數也在一九九八年十月突破了一千戶，這些都是讓曾經參與過的人，聽了不禁喜極而泣的消息，因爲只有她（他）們知道這有多辛苦，代表的是多少人背後默默的付出！

一九九八年三月，具備財務管理背景的陳毓麟女士被聘任爲綠主張的總經理，由此不禁令人佩服這個組織度量之廣，畢竟從事過社運的人，身上多少都會染上一點莫名的反商情結（無論是自認或他認），但是這個全國首創的共同購買組織，卻在明白自身事業營運能力的弱點之後，能夠

兩三個有心的女人、一處閒置的房舍，再加上共同購買事業的觸媒引發，就能在社區裡營造出一個大家樂於親近的取貨站空間。（新店中正90籌備期間的模樣）

不需要太大的空間，也不用什麼經驗，只要有一顆樂於助人的心，就能成為一位稱職的共同購買取貨站站長。（三重共購中心取貨站）

藉由社區取貨站裡的多餘空間，有心的媽媽們得以發揮料理的長才，推出各種純手工食品以饗會員。（士林好所在媽媽生產班）

民主精神的真正實踐，在公司轉型為合作社之際，每個社員學習用自己手上的一票，乾乾淨淨地選出自己心目中理想的社員代表。(2001.5.第一屆社員代表選舉)

張開雙手接納一個企業人，不得不讓人拱手稱服。而這個生力軍進入綠主張之後，確實也帶來全新的想法與創意，在評估外界的有機商品熱潮漸退，以及有機業者生存競爭轉趨激烈的現況後，毅然決定大力推展社區「取貨站」，除了原有的共同購買班之外，鼓勵資深的班長或班員提供家中的場地，作爲展售共同購買消費材的取貨站，而站長也能取得一定的手續費作爲報酬，如此也減輕不少班長難爲的壓力。乍看之下，這個做法似乎較不容易凝聚會員的向心力或參與感，可是卻一舉提高了共同購買的能見度，同時也切中台灣人「眼見爲信」的消費習慣。

自從一九九八年九月接受第一家「興隆取貨站」的申請之後，各地的取貨站便如雨後春筍般出現，從最繁華的台北市東區，到淡水小鎭的巷子裡，都有「共同購買取貨站」的蹤跡，如今取貨站的腳步更已跨出大台北地區，連新竹、彰化、台南都設立了取貨站，讓附近的民眾有機會就近取得健康又環保的消費材。

除此之外，綠主張更以這一千多戶的共同購買班爲基礎，踏上開發自有產品的旅程，從一九九八年五月的不漂白再生衛生紙，到同年八月推出的綠主張豆腐、豆干，產品開發部的專職人員在這方面所下的工夫，實在不足以對外人道。但是做得越多、學得越多之後，才更瞭解台灣消費者所面臨的困境，也更驚覺自身實力的不足。事實上，縱使共同購買組織擁有如此嚴密的審查與監測系統，也無法避免疏漏之處，在過去近九年的購買過程中，共同購買還是遭遇了好幾次殘毒檢驗漏失，或是生產過程疏失未察的問題。但是最難能可貴的是，在問題發生之後，共購中心能夠坦然面對問題，並且向所有會員道歉、說明原委。在這股團結的消費者力量影響之下，生產者也都願意承認過失，同時負起應負的賠償責任，這幾乎是任何買賣關係上所見不到的。

除了前面所提到的種種之外，綠主張在組織上也急起直追，因爲團體成員的快速成長，往往隨之而來

主婦聯盟生活消費合作社第一屆社員代表順利誕生，為台灣的生活者運動立下一道新的里程碑。

的就是對組織向心力的減低。如何讓日漸增加的新會員，也有機會重新體會前人的篳路藍縷之苦，便成了組織部的首要之務，從共同購買解說員的培訓、田庄解說員的訓練到一場場報名踴躍的生產者之旅，都是讓會員們瞭解共同購買精神的好機會。二〇〇一年五月，組織部更策劃了一場完美的變身秀，讓長久以來苦於組織定位模糊的共同購買中心，轉型爲全國第一個由下而上發起的「生活消費合作社」，甚至成爲國際合作界矚目的焦點。

走筆至此，只能說這十年來台灣共同購買的這條路，一路走來絕不輕鬆，路途上處處坎坷，但是筆者最引以爲豪的是，自己也曾經走過其中的一段路程，在大家的陪伴下、也陪伴著大家。只可惜自己這隻禿筆，無法充分表現出所有人在這裡的付出，只能簡單地寫下自己個人所見，但是這段學習人與人眞誠相待，縱使彼此意見衝撞亦毫不隱諱，只求組織能夠更上一層樓的精神，對筆者而言實在是極爲珍貴的學習經驗，更難能可貴的是，自己也在這裡結識了許多一輩子的好朋友。

透過人與土地的重新對話與連結，不僅能找回失去的青山綠水及健康，也為孩子留下他們的未來。

最後以一段共同購買解說員培訓手冊上的話，來闡述我心中的共同購買——「透過消費者與生產者的直接對話，協助解決彼此的問題，找回人與人之間失去的互信；透過對生產環境的親近與瞭解，填補人與土地之間失落的情感；學習認識自己在生態系中所應有的位置、應盡的責任和應享的權利。」——而人與人的相遇，原本就是一切美好故事的開始……

在共同購買的理想世界裡，沒有生產者、消費者或中介者的分別，在土地上人人都是平等的大地子民。

# 〈附錄〉：日本生活俱樂部大事記

一九六五　「生活俱樂部」於東京世田谷區成立。

一九六八　組織報《聲》創刊。
展開「分班預約共同購買」活動。
「生活俱樂部」消費合作社（東京）創立大會。

一九七〇　於東京赤堤興建第一所配送中心。

一九七一　「綠」消費合作社創立大會（神奈川生活俱樂部的前身）。
《聲》刊物改版為《生活與自治》。
組織由世田谷區擴大至練馬區，第一個支部成立。
開始雞蛋的產地直購。

一九七二　開發出第一項自有產品「信州味噌」。
取得米糧銷售商資格。

一九七三　受石油危機影響，展開紙類回收運動。

一九七四　舉辦第一回的山形縣庄內交流會。
社員自主管理下的「豬肉共購」起跑。
提出「拒絕成爲加害者」的口號，推行愛用肥皂運動。
一九七六　出資成立太陽食品販賣公司（專事冷凍品目之配送）。
（東京）向區、市、都議會請願要求禁止製造與販售合成洗潔劑。
千葉生活俱樂部消費合作社創立大會。
長野生活俱樂部消費合作社創立大會。
一九七七　中止所有合成洗潔劑的供應。
組成合作生產者的組織「生活俱樂部親生會」。
（神奈川）向橫濱市議會請願，要求「驅逐（拒用）合成洗潔劑」。
一九七八　生活俱樂部集團「連合本部」成立。
自有的新生酪農工廠落成。
購置肉牛專用的北海道古平牧場。
（東京）成立第一個政治團體——「GROUP生活者」（現生活者NETWORK之前身）。
一九七九　爲古平「共動之家」（精神病患庇護工廠）的建設經費募款。
籌建「河口湖協同村」。

（東京）成立第一所地區館——「赤堤館」作爲社員活動之場所。
（東京）將第一位代理人送進練馬區議會。
（東京）保谷支部向市議會請願要求中止「每日收集垃圾」之制度。
（東京）舉辦「保谷社區營造公開討論會」。
一九八〇　（神奈川）發起「驅逐合成洗潔劑直接請求運動」。
（千葉）發起「驅逐合成洗潔劑直接請求運動」。
一九八一　「連合本部」改組爲「連合事業部」。
創設「社會運動研究中心」（定期發行月刊《社會運動》至今）。
（東京）町田地區發起「改善學校營養午餐直接請求」運動。
一九八二　派遣五名代表參加第二屆聯合國縮減軍備特別大會。
生活俱樂部集團社員人數突破十萬名。
（神奈川）開設第一所「迪坡」，W.Co.「人人」成立。
（北海道）生活俱樂部消費合作社創立大會。
一九八三　於遊佐町農協舉辦庄內交流會十周年慶祝活動。
派員參加廣島．長崎核爆禁止世界大會。
（神奈川）單位社組織報《群》創刊。

一九八四

（埼玉）發起「驅逐合成洗潔劑直接請求運動」。

（千葉）Culture- School L（另類學校）成立。

（茨城）生活俱樂部消費合作社創立大會。

出資成立協同圖書Service公司。

展開圖書類的共同購買（情報刊物《DIY》同時創刊）。

舉辦第一屆全集團統一之「鮮活生活祭」（共計十四個會場，三十萬人次參加）。

（東京）個人班制度起步，同時創設W.Co.。

（神奈川）「NETWORK運動」組織成立。

（千葉）單位社組織報《KORUZA》創刊，開設第一家「迪坡」。

（北海道）發起「驅逐合成洗潔劑直接請求運動」。

（山梨）生活俱樂部消費合作社創立大會。

一九八五

自有之梔木新生酪農工廠落成。

手賀沼市民肥皂工廠開工啓用。

（東京）將第一位代理人送進東京都議會。

（神奈川）新橫濱車站前的「另類生活館」完成。

一九八六

生活俱樂部共濟制度起步實施。

（東京）練馬區之W.Co.「MICHI」首先獲得企業組合之認可。
（北海道）W.Co.連絡協議會創立大會。
（岩手）生活俱樂部消費合作社創立大會。

一九八七　綜合配送中心（DC）成立，引入OCR之訂單電腦處理系統。
（神奈川）創立「迪坡」事業本部。
（埼玉）「市民自治NETWORK」組織成立。
（千葉）「千葉肥皂之街會議」成立。
（山梨）受車諾比爾核電事故影響，向議會提出要求食品安全之陳情書。
（靜岡）生活俱樂部消費合作社創立大會。

一九八八　進行消費材受輻射污染之全面調查。
（北海道）領導發起「凍結泊核電廠——百萬人直接請求運動」。
（愛知）生活俱樂部消費合作社創立大會。

一九八九　獲頒瑞典的另類諾貝爾獎——「the Right Livelihood Award」。
（東京）發起制定食品安全條例之直接請求與請願活動。
（神奈川）福祉俱樂部由神奈川生活俱樂部中獨立出來，成立單位社。

一九九〇　生活俱樂部消費合作事業連合會成立。

一九九一　（千葉）新生酪農發生生菌數超過標準之意外。
統一地方大選中當選五十三位代理人（代理人總數達七十一名）。
柏綜合配送中心（DC）落成（冷藏冷凍品項擴充）。
（栃木）生活俱樂部消費合作社創立大會。
（東京）於五日市町建設之新協同村落成啓用。
Community Club消費合作社創立大會（專營迪坡共購事業）。

一九九二　（東京）ABT互助俱樂部成立（福祉事業）。
（神奈川）推行Block單位社分權化，神奈川生活俱樂部轉型爲聯盟組織。

一九九三　（神奈川）率先推動玻璃容器統一尺寸及回收再利用（GREEN SYSTEM）。
（東京）日間照護中心「悠遊」取得法人認可。
（福祉俱樂部）率先展開晚餐配送服務。

一九九四　共同購買貨款改以個人帳戶直接轉帳。
（東京）旗下四Block同時獨立成立單位社。
（神奈川）「Rapo1藤澤」特別老人養護中心落成啓用。
（千葉）「印旛沼肥皂情報中心」落成。
（千葉）互助NETWORK到宅照護事業起步。

（長野）食品安全直接請求運動遭議會否決。

（山梨）創設「生活者NETWORK」。

一九九五　連合會接受第一位來自台灣主婦聯盟的研修生（賴青松）。

發起阪神大地震賑災捐款活動。

獲頒聯合國之友「We the People 50 Community」環境保護與永續發展社區獎。

（千葉）設立蔬果分裝物流公司「有機俱樂部」。

（千葉）發起要求食品安全請願聯署活動。

一九九六　協同圖書Service公司改組爲「Yu Agency」，開始承辦旅遊及文化活動售票服務。

（神奈川）開設另類藥局「ANZU」。

（埼玉）展開資源回收請願活動。

一九九七　連合會大會通過「不採用使用基因轉殖技術之作物及食品」之決議。

推行「自主管理・監察制度」。

仙台共同購入會加入生活俱樂部連合會。

（東京）與韓國住民生協締結姐妹關係。

一九九八　（青森）生活俱樂部消費合作社創立大會。
連合會大會通過有關環境荷爾蒙問題之特別決議。
一九九九　（山形縣）米澤消費合作社加入生活俱樂部連合會。
連合會女性委員會與台灣主婦聯盟環保基金會、韓國民友會締結為「亞細亞姊妹會」。
二〇〇〇　參加於台北舉辦之第二屆「亞細亞姊妹會」。

## 淡水深度旅遊

遠流台灣館 編著　定價360元

《淡水深度旅遊》強調它在現在時空下，歷史橫切面與區域性點突破的旅遊方法，逐一從過去枯燥、單調、餘文化的地方志裡抽煉，篩濾出重要的人文與自然景觀，給予活潑圖像化，把那些學者、專家才有興趣的事物「還原」給民間……　　——劉克襄

## 鹿港深度旅遊

遠流台灣館 編著　定價360元

《深度旅遊手冊》是我們全家旅遊必備的工具。在鹿港這個充滿傳奇和故事的小鎮，每一個充滿奇妙空間的巷弄中藏著古老歲月的生活情趣，每一塊磚石都有說不盡的傳說。如果沒有這本《鹿港深度旅遊》的協助，你將入寶山空手而回。　　——小野

## 宜蘭深度旅遊

遠流台灣館 編著　定價400元

宜蘭，居於地母型島嶼——台灣的眼睛位置，山川嫵媚壯奇、民風堅毅熱誠。本書深入導覽其歷史自然、文化風俗、傳奇古蹟，不僅是絕佳的旅遊手本，更是涵藏舐犢深情的報導文學。

——簡媜

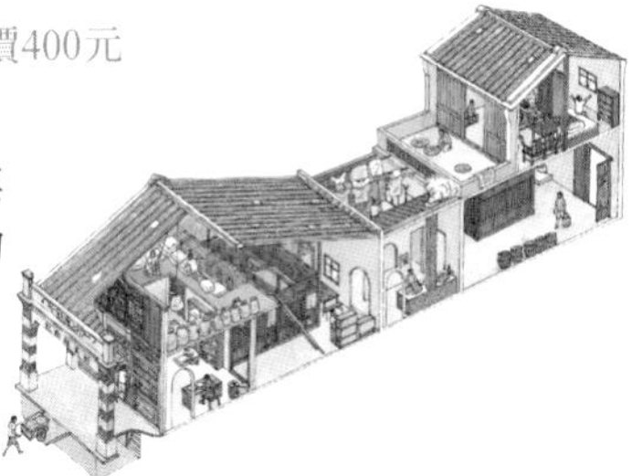

## 基隆深度旅遊

遠流台灣館 編著　定價400元

《基隆深度旅遊》打開基隆的全新視野，帶領您參觀各式各樣的輪船、認識各種不同碼頭的設施與作業；探訪台灣北部最大的漁港和魚市場、體驗漁村風情；巡禮台灣北部最完整重要的砲台古蹟、台灣第一條鐵路隧道；親炙深具特色的「雞籠中元祭」。

〈台灣深度旅遊手冊〉列系尚有：

- 三峽深度旅遊
- 台北地質深度旅遊
- 北部海濱深度旅遊
- 北部海濱生物圖鑑
- 台南歷史深度旅遊（上）
- 台南歷史深度旅遊（下）
- 陽明山深度旅遊
- 陽明山生物圖鑑

國家圖書館出版品預行編目資料

從廚房看天下：日本女性〈生活者運動〉三十年傳奇／賴青松作. -- 初版. -- 臺北市　：遠流，2002〔民91〕
面；　　公分. --（新家園行動系列；9）

ISBN 957-32-4543-4（平裝）

1. 社區營造 - 日本　2. 環境保護

545. 0931　　　　90023056

新家園行動系列 9

# 從廚房看天下——日本女性「生活者運動」三十年傳奇

作者——賴青松
主編——王明雪　副主編——鄧子菁
總策劃——莊展鵬　副總編輯——黃盛璘
企劃——祝文君

發行人——王榮文
出版發行——遠流出版事業股份有限公司　臺北市南昌路二段八十一號六樓
郵撥：0189456—1　電話：（02）2392—6899　傳眞：（02）2392—6658
著作權顧問—蕭雄淋律師　法律顧問—董安丹律師
輸出印刷——中原造像股份有限公司
□2002年 2月 1日　初版一刷　□2014年 5月 20日　初版三刷
行政院新聞局局版臺業字第1295號
定價三五〇元（缺頁或破損的書，請寄回更換）

ISBN 957-32-4543-4
YLib 遠流博識網　http://www.ylib.com　E-mail:ylib @ ylib.com